한국전력공사

NCS 직무능력검사
모의고사(ICT 분야)

정답 및 해설

SEOWONGAK
(주)서원각

1 ③

③ '몸가짐이나 언행을 조심하다.'는 의미를 가진 표준어는 '삼가다'로, '삼가야 한다'는 어법에 맞는 표현이다. 자주 틀리는 표현 중 하나로 '삼가해 주십시오' 등으로 사용하지 않도록 주의해야 한다.

① 어떤 일의 수단이나 도구를 나타내는 격조사 '-로써'로 고치는 것이 적절하다.

② 어떤 사실이나 내용을 시인하면서 그에 반대되는 내용을 말하거나 조건을 붙여 말할 때에 쓰는 연결 어미인 '-지마는(-지만)'이 오는 것이 적절하다.

④ '및'은 '그리고', '그 밖에', '또'의 뜻으로, 문장에서 같은 종류의 성분을 연결할 때 쓰는 말이다. 따라서 앞뒤로 이어지는 표현의 구조가 대등해야 한다.

⑤ '자문하다'는 '어떤 일을 좀 더 효율적이고 바르게 처리하려고 그 방면의 전문가나, 전문가들로 이루어진 기구에 의견을 묻다.'라는 뜻으로 '~에/에게 ~을 자문하다' 형식으로 쓴다.

2 ①

① 엄청나게 큰 사람이나 사물

② 사람이나 사물이 외따로 오뚝하게 있는 모양

③ 넋이 나간 듯이 가만히 한 자리에 서 있거나 앉아 있는 모양

④ '철'을 속되게 이르는 말, 철이란 사리를 분별할 수 있는 힘을 말함

⑤ '꼴'을 낮잡아 이르는 말, 꼴이란 겉으로 보이는 사물의 모양을 말함

3 ④

④ 계란 알레르기가 있는 고객이므로 제품에 계란이 사용되었거나, 제조과정에서 조금이라도 계란이 들어갔을 우려가 있다면 안내해 주는 것이 바람직하다. 이 제품은 원재료에 계란이 들어가지는 않지만, 계란 등을 이용한 제품과 같은 제조시설에서 제조하였으므로 제조과정에서 계란 성분이 들어갔을 우려가 있다. 따라서 이 점에 대해 안내해야 한다.

4 ④

주민등록상 생년월일, 본인 증명사진 등 본인 확인을 위해 입력한 추가사항은 면접전형 시 블라인드 처리된다. 따라서 사진과 생년월일 등이 면접관에게 공개된다는 답변은 공고문의 내용과 일치한다고 볼 수 없다.

① 합격자 발표는 9/12일에 채용 홈페이지를 통해서 확인할 수 있다.

② 개인의 인적 사항은 본인 확인용으로만 요청할 수 있으며, 확인 후 면접 시에는 블라인드 처리된다.

③ e-mail 뿐 아니라 서류 어느 곳에서도 학교명을 알 수 있는 내용은 금지된다.

⑤ '지원인원 미달 또는 전형 결과 적격자가 없는 경우 선발하지 않을 수 있음'이라고 명시되어 있다.

5 ④

'안전우선'은 가장 많은 예산이 투자되는 핵심가치이다. 전략과제는 3가지가 있고, 그 중 '(시설 안전성 강화)'는 가장 많은 개수를 기록하고 있으며, 예산은 464,688백만 원이다. '고객감동'의 전략과제는 3가지이며, 고객만족을 최우선으로 하고 있다. 핵심가치 '(변화혁신)'은 113개를 기록하고 있고, 3가지 전략과제 중 융합형 조직혁신이 가장 큰 비중을 차지하고 있다. 핵심가치 '(상생협치)'는 가장 적은 비중을 차지하고 있고, 2가지 전략과제를 가지고 있다.

6 ①

① '안전우선'의 예산은 가장 높은 비중을 보이고 있다.

7 ①

① 첫 번째 문단에서 '도시 빈민가와 농촌에 잔존하고 있는 빈곤은 최소한의 인간적 삶조차 원천적으로 박탈하고 있으며'라고 언급하고 있다. 즉, 사회적 취약계층의 객관적인 생활수준이 향상되었다고 보는 것은 적절하지 않다.

② 첫 번째 문단

③ 두, 세 번째 문단

④ 네 번째 문단
⑤ 두 번째 문단

8 ③

③ 중증장애인은 연령제한을 받지 않고, 국회통과안의 경우 부양자녀가 1인 이상이면 근로장려금을 신청할 수 있으므로, 다른 요건들을 모두 충족하고 있다면 B는 근로장려금을 신청할 수 있다.

① 정부제출안보다 국회통과안에 의할 때 근로장려금 신청자격을 갖춘 대상자의 수가 더 늘어날 것이다.

② 정부제출안과 국회통과안 모두 세대원 전원이 소유하고 있는 재산 합계액이 1억 원 미만이어야 한다. A는 소유 재산이 1억 원으로 두 안에 따라 근로장려금을 신청할 수 없다.

④ 정부제출안과 국회통과안 모두 내국인과 혼인한 외국인은 근로장려금 신청이 가능하다.

⑤ 3개월 이상 국민기초생활보장급여 수급자는 근로장려금 신청이 제외된다.

9 ④

④ '발굴'은 세상에 널리 알려지지 않거나 뛰어난 것을 찾아 밝혀낸다는 의미로, 發(필 발)掘(팔 굴)로 쓴다.

10 ③

1천만 원 이상의 과태료가 내려지게 되면 공표 조치의 대상이 되나, 모든 공표 조치 대상자들이 과태료를 1천만 원 이상 납부해야 하는 것은 아니다. 과태료 금액에 의한 공표 대상자 이외에도 공표 대상에 포함될 경우가 있으므로 반드시 1천만 원 이상의 과태료가 공표 대상자에게 부과된다고 볼 수는 없다.

① 행정처분의 종류를 처분 강도에 따라 구분하였으며, 이에 따라 가장 무거운 조치가 공표인 것으로 판단할 수 있다.

11 ④

ⓒ은 $7,206 \div 2 = 3,603$이므로

영업 외 수익의 합계는 15,095가 된다.

㉠은 $2,005,492 + 15,095 = 2,020,587$이다.

따라서 ㉠ ÷ ⓒ 늨 561배이다.

12 ①

한 달 동안의 통화 시간 t $(t = 0, 1, 2, \cdots)$에 따른 요금제 A의 요금

$y = 10,000 + 150t$ $(t = 0, 1, 2, \cdots)$

요금제 B의 요금

$\begin{cases} y = 20,200 & (t = 0, 1, 2, \cdots, 60) \\ y = 20,200 + 120(t-60) & (t = 61, 62, 63, \cdots) \end{cases}$

요금제 C의 요금

$\begin{cases} y = 28,900 & (t = 0, 1, 2, \cdots, 120) \\ y = 28,900 + 90(t-120) & (t = 121, 122, 123, \cdots) \end{cases}$

㉠ B의 요금이 A의 요금보다 저렴한 시간 t의 구간은

$20,200 + 120(t-60) < 10,000 + 150t$ 이므로

$t > 100$

ⓒ B의 요금이 C의 요금보다 저렴한 시간 t의 구간은

$20,200 + 120(t-60) < 28,900 + 90(t-120)$ 이므로 $t < 170$

따라서 $100 < t < 170$ 이다.

∴ $b - a$의 값은 70

13 ④

㉠ 2001년에 '갑'이 x원어치의 주식을 매수한 뒤 같은 해에 동일한 가격으로 전량 매도했다고 하면, 주식을 매수할 때의 주식거래 비용은 $0.1949x$ 원이고 주식을 매도할 때의 주식거래 비용은 $0.1949x + 0.3x = 0.4949x$ 원으로 총 주식거래 비용의 합은 $0.6898x$ 원이다. 이 중 증권사 수수료는 $0.3680x$ 원으로 총 주식거래 비용의 50%를 넘는다.

ⓒ 금융투자협회의 2011년 수수료율은 0.0008%로 2008년과 동일하다.

14 ④

Y년의 총 에너지 사용량이 80,542천Toe이며, 화공산업 부문 전기다소비사업장의 전기 사용 비중은 27.4%이다. 따라서 화공산업 부문 전기다소비사업장의 전기 사용량은 $80,542 \times 0.274 = 22,068$천Toe가 된다. 또한, 이것은 전년 대비 4.5% 증가한 것이므로 Y-1년의 사용량을 x라 하면, 증가율의 공식에 의해 $(22,068 - x) \div x = 0.045$가 된다. 이것은 다시 $22,068 = 1.045x$가 되므로 $x = 22,068 \div 1.045 = 21,117$천Toe가 됨을 알 수 있다.

15 ⑤

적어도 화살 하나는 6의 약수에 맞을 확률은 전체에서 화살 하나도 6의 약수에 맞지 않을 확률을 **뺀 값**이 된다.

한 번 쏘았을 때 6의 약수에 맞지 않을 확률은 $\frac{2}{6} = \frac{1}{3}$ 이므로 세 번 쏘았을 때 6의 약수에 맞지 않을 확률은 $\frac{1}{27}$ 이다.

따라서 화살을 세 번 쏘았을 때, 적어도 화살 하나는 6의 약수에 맞을 확률은 $1 - \frac{1}{27} = \frac{26}{27}$ 이다.

16 ③

2호선 유아수유실은 11개이고, 전체 유아수유실은 88개이다.

따라서 2호선의 유아수유실이 차지하는 비율은

$\frac{11}{88} \times 100 = 12.5\%$

17 ①

① 7호선의 유아수유실은 23개로 가장 많고, 1호선의 유아수유실은 2개로 가장 적다.

18 ①

ⓒ 기업의 매출액이 클수록 자기자본비율이 동일한 비율로 커지는 관계에 있다고 가정하면 순이익은 자기자본비율 × 순이익률에 비례한다. 따라서 2008년도 순이익이 가장 많은 기업은 B이다.

ⓔ 2008년도 순이익률이 가장 높은 기업은 B이다. 1997년도 영업이익률이 가장 높은 기업은 F이다.

19 ④

푸르미네 가족의 월간 탄소배출량 = (420×0.1) + $(40 \times 0.2) + (60 \times 0.3) + (160 \times 0.5) = 42 + 8 +$ $18 + 80 = 148kg$이다. 소나무 8그루와 벚나무 6그루를 심을 경우 흡수할 수 있는 탄소흡수량은 (14×8) $+ (6 \times 6) = 112 + 36 = 148kg$/그루ㆍ월로 푸르미네 가족의 월간 탄소배출량과 같다.

20 ④

④ 원자력 소비량은 2005년에 36.7백만TOE에서 2006년에 37.2백만TOE로 증가하였다가 2007년에는 다시 30.7백만TOE로 감소하였다. 이렇듯 2006년부터 2014년까지 전년 대비 원자력 소비량의 증감추이를 분석하면 증가, 감소, 증가, 감소, 증가, 증가, 감소, 감소, 증가로 증감을 거듭하고 있다.

① 2005년부터 2014년까지 1차 에너지 소비량은 연간 약 230~290백만TOE 사이이다. 석유 소비량은 연간 101.5~106.2백만TOE로 나머지 에너지 소비량의 합보다 적다.

② 석탄 소비량은 전체 기간으로 볼 때 완만한 상승세를 보이고 있다.

③ 기타 에너지 소비량은 지속적으로 증가하는 추세이다.

⑤ LNG 소비량은 2009년 이후로 지속적으로 증가하다가 2014년에 전년 대비 4.7백만TOE 감소하였다.

21 ④

각 기업의 1단계 조건 충족 여부는 다음과 같다.

기업	사무실조건 (25명/개 이하)	임원조건 (15명/명 이하)	차량조건 (100명/대 이하)	여유면적 조건 (650㎡ 이상)
A	26.4명/개 ×	10.2명/명 ○	44명/대 ○	950㎡ ○
B	22.9명/개 ○	26.7명/명 ×	80명/대 ○	680㎡ ○
C	24명/개 ○	17.1명/명 ×	120명/대 ×	140㎡ ×
D	24.3명/개 ○	8.6명/명 ○	85명/대 ○	650㎡ ○
E	22.5명/개 ○	13.5명/명 ○	67.5명/대 ○	950㎡ ○

22 ④

예비 선정된 기업인 D, E 중 임원평균근속기간이 더 긴 D 기업이 최종 선정된다.

23 ⑤

평가 점수를 계산하기 전에, 제안가격과 업계평판에서 90점 미만으로 최하위를 기록한 B업체와 위생도에서 최하위를 기록한 D업체는 선정될 수 없다. 따라서 나머지 A, C, E업체의 가중치를 적용한 점수를 계산해보면 다음과 같다.

- A업체 : 84 × 0.4 + 92 × 0.3 + 92 × 0.15 + 90 × 0.15 = 88.5점

- C업체 : 93 × 0.4 + 91 × 0.3 + 91 × 0.15 + 94 × 0.15 = 92.25점

- E업체 : 93 × 0.4 + 92 × 0.3 + 90 × 0.15 + 93 × 0.15 = 92.25점

C와 E업체가 동점인 상황에서 가중치가 가장 높은 제안가격의 점수가 같으므로, 다음 항목인 위생도 점수에서 더 높은 점수를 얻은 E업체가 최종 선정될 업체는 E업체가 된다.

24 ⑤

객실의 층과 라인의 배열을 그림으로 표현하면 다음과 같다.

301호	302호	303호	304호
201호	202호	203호	204호
101호	102호	103호	104호

두 번째 조건에서 4호 라인에는 3개의 객실에 투숙하였다고 했으므로 104호, 204호, 304호에는 출장자가 있게 된다. 또한 3호 라인에는 1개의 객실에만 출장자가 투숙하였다고 했는데, 만일 203호나 303호에 투숙하였을 경우, 2층과 3층의 나머지 객실이 정해질 수 없다. 그러나 103호에 투숙하였을 경우, 1층의 2개 객실이 정해지게 되며 2층과 3층은 3호 라인을 제외한 1호와 2호 라인 모두에 출장자가 투숙하여야 한다. 따라서 보기 ⑤의 사실이 확인된다면 8명의 출장자가 투숙한 8개의 객실과 투숙하지 않는 4개의 객실 모두를 다음과 같이 알아낼 수 있다.

301호	302호	303호	304호
201호	202호	203호	204호
101호	102호	103호	104호

25 ②

남자사원의 경우 ⓛ, ⓑ, ⓞ에 의해 다음과 같은 두 가지 경우가 가능하다.

	월요일	화요일	수요일	목요일
경우 1	치호	영호	철호	길호
경우 2	치호	철호	길호	영호

[경우 1]

옥숙은 수요일에 보낼 수 없고, 철호와 영숙은 같이 보낼 수 없으므로 옥숙과 영숙은 수요일에 보낼 수 없다. 또한 영숙은 지숙과 미숙 이후에 보내야 하고, 옥숙은 지숙 이후에 보내야 하므로 조건에 따르면 다음과 같다.

	월요일	화요일	수요일	목요일
남	치호	영호	철호	길호
여	지숙	옥숙	미숙	영숙

[경우 2]

		월요일	화요일	수요일	목요일
	남	치호	철호	길호	영호
경우 2-1	여	미숙	지숙	영숙	옥숙
경우 2-2	여	지숙	미숙	영숙	옥숙
경우 2-3	여	지숙	옥숙	미숙	영숙

문제에서 영호와 옥숙을 같이 보낼 수 없다고 했으므로, [경우 1], [경우 2-1], [경우 2-2]는 해당하지 않는다. 따라서 [경우 2-3]에 의해 목요일에 보내야 하는 남녀사원은 영호와 영숙이다.

26 ①

각 조건에서 알 수 있는 내용을 정리하면 다음과 같다.
ㄱ 사고 C는 네 번째로 발생하였다.

| 첫 번째 | 두 번째 | 세 번째 | C | 다섯번째 | 여섯번째 |

ㄴ 사고 A는 사고 E보다 먼저 발생하였다. → A > E

ㄷ 사고 B는 사고 A보다 먼저 발생하였다. → B > A

ㄹ 사고 E는 가장 나중에 발생하지 않았다. → 사고 E는 2~3번째(∵ ㄴ에 의해 A > E이므로) 또는 5번째로 발생하였다.

ㅁ 사고 F는 사고 B보다 나중에 발생하지 않았다. → F > B

ㅂ 사고 C는 사고 E보다 나중에 발생하지 않았다. → C > E

ㅅ 사고 C는 사고 D보다 먼저 발생하였으나, 사고 B보다는 나중에 발생하였다. → B > C > D

따라서 모든 조건을 조합해 보면, 사고가 일어난 순서는 다음과 같으며 세 번째로 발생한 사고는 A이다.

| F | B | A | C | E | D |

27 ①

문제해결의 장애요소

㉠ 너무 일반적이거나 너무 크거나 또는 잘 정의되지 않은 문제를 다루는 경우

㉡ 문제를 정확히 분석하지 않고 곧바로 해결책을 찾는 경우

㉢ 잠재적 해결책을 파악할 때 중요한 의사결정 인물이나 문제에 영향을 받게되는 구성원을 참여시키지 않는 경우

㉣ 개인이나 팀이 통제할 수 있거나 영향력을 행사할 수 있는 범위를 넘어서는 문제를 다루는 경우

㉤ 창의적 해결책보다는 '즐겨 사용하는' 해결책을 적용하는 경우

㉥ 해결책을 선택하는 타당한 이유를 마련하지 못하는 경우

㉦ 선택한 해결책을 실행하고 평가하는 방식에 관해 적절하게 계획을 수립하지 못하는 경우

28 ③

시장의 위협을 회피하기 위해 강점을 사용하는 전략은 ST전략에 해당한다.

③ 부품의 10년 보증 정책은 강점, 통해 대기업의 시장 독점은 위협에 해당한다.(ST전략)

① 세계적인 유통라인은 강점, 개발도상국은 기회에 해당한다.(SO전략)

② 마진이 적은 것은 약점, 인구 밀도에 비해 대형마트가 부족한 도시는 기회에 해당한다.(WO전략)

④ 고가의 연구비는 약점, 부족한 정부 지원은 위협에 해당한다.(WT전략)

⑤ 친환경적 장점은 강점, 정부 지원을 받는 것은 기회에 해당한다.(SO전략)

29 ④

제시된 내용은 김치에서 이상한 냄새가 나고 있는 상황이다.

④는 '김치 표면에 하얀 것(하얀 효모)이 생겼을 때'의 확인 사항이다.

30 ③

③은 매뉴얼로 확인할 수 없는 내용이다.

31 ③

Index 뒤에 나타나는 문자가 오류 문자이므로 이 상황에서 오류 문자는 'GHWDYC'이다. 오류 문자 중 오류 발생 위치의 문자와 일치하지 않는 알파벳은 G, H, W, D, Y 5개이므로 처리코드는 'Atnih'이다.

32 ①

제시된 내용은 프레젠테이션에 관한 것이다.

②③ 워드프로세서

④⑤ 스프레드시트

33 ①

• (자료)는 객관적 실제의 반영이며, 그것을 전달할 수 있도록 기호화한 것이다.

• (정보)는 (자료)를 특정한 목적과 문제해결에 도움이 되도록 가공한 것이다.

• (지식)은 (정보)를 집적하고 체계화하여 장래의 일반적인 사항에 대비해 보편성을 갖도록 한 것이다.

34 ③

제시된 내용은 윈도우(Windows)에 대한 설명이다.

③은 리눅스(Linux)에 대한 설명이다.

35 ②

한 셀에 두 줄 이상 입력하려고 하는 경우 줄을 바꿀 때는 〈Alt〉+〈Enter〉를 눌러야 한다.

36 ③

$n=0$, $S=1$

$n=1$, $S=1+1^2$

$n=2$, $S=1+1^2+2^2$

…

$n=7$, $S=1+1^2+2^2+\cdots+7^2$

∴ 출력되는 S의 값은 141이다.

37 ②

터미널노드(Terminal Node)는 자식이 없는 노드로서 이 트리에서는 D, I, J, F, G, H 6개이다.

38 ③

DSUM함수는 DSUM(범위, 열 번호, 조건)으로 나타내며 조건에 부합하는 데이터를 합하는 수식이다. 제시된 수식은 영업부에 해당하는 4/4분기의 데이터를 합하라는 것이므로 15＋20＋20＝55가 된다.

39 ③

정품이 아닌 윈도우 소프트웨어는 정기적인 업데이트 서비스가 제한되어 있는 것이 일반적인 특징이다. 따라서 불법 소프트웨어는 사용을 금하는 것이 가장 현명한 PC 보안 방법이 된다. 정품이 아닌 소프트웨어의 그 밖의 특징으로는 설치 프로그램에 악성 코드 포함 가능성, 주요 기능 배제 또는 변형 우려, 컴퓨터의 성능 약화, 보안 기능 사용 불가 등이 있다.

40 ③

인터넷 송금에 필요한 보안 장치인 OTP 발생기는 보안을 강화시키기 위한 도구이며, 이를 지참하지 않은 것은 개인적 부주의의 차원이며, 인터넷의 역기능으로 볼 수는 없다.

41 ②

② 물리 계층으로 데이터를 전송하는 과정에서는 잡음(Noise) 같은 여러 외부 요인에 의해 물리적 오류가 발생할 수 있다. 데이터 링크 계층(Data Link Layer)은 물리적 전송 오류를 감지(Sense)하는 기능을 제공해 송수신 호스트가 오류를 인지할 수 있게 해준다. 발생 가능한 물리적 오류의 종류에는 데이터가 도착하지 못하는 데이터 분실과 내용이 깨져서 도착하는 데이터 변형이 있다. 일반적으로 컴퓨터 네트워크에서의 오류 제어(Error Control)는 송신자가 원 데이터를 재전송(Retransmission)하는 방법으로 처리한다.

① 네트워크에서 호스트가 데이터를 전송하려면 반드시 전송 매체로 연결되어 있어야 한다. 물리 계층(Physical Layer)은 호스트를 전송 매체와 연결하기 위한 인터페이스 규칙과 전송 매체의 특성을 다룬다.

③ 송신 호스트가 전송한 데이터가 수신 호스트까지 도착하려면 여러 중개 시스템을 거친다. 이 과정에서 데이터가 올바른 경로를 선택할 수 있도록 지원하는 계층이 네트워크 계층(Network Layer)이다. 중개 시스템의 기능은 일반적으로 라우터(Router) 장비가 수행한다. 네트워크 부하가 증가하면 특정 지역에 혼잡(Congestion)이 발생할 수 있는데, 이것도 데이터의 전송 경로와 관계가 있으므로 네트워크 계층이 제어한다.

④ 컴퓨터 네트워크에서 데이터를 교환하는 최종 주체는 호스트 시스템이 아니고, 호스트에서 실행되는 프로세스다. 전송 계층(Transport Layer)은 송신 프로세스와 수신 프로세스 간의 연결(Connection) 기능을 제공하기 때문에 프로세스 사이의 안전한 데이터 전송을 지원한다. 계층 4까지의 기능은 운영체제에서 시스템 콜(System Call) 형태로 상위계층에 제공하며, 계층 5~7의 기능은 사용자 프로그램으로 작성된다.

OSI 7 계층 모델	
응용 계층	7계층
표현 계층	6계층
세션 계층	5계층
전송 계층	4계층
네트워크 계층	3계층
데이터 링크 계층	2계층
물리 계층	1계층

42 ④

```
void BubbleSorting(int *value, int size) {
  int x, y, temp;            // 먼저 변수 x와 y를
선언한다.
  for(x=0; x <size; x++) {
    for(y=0; y <size - x - 1; y++) {
      if(value[y]<value[y+1]) {  //
      만약 value[y]가 value[y+1]보다 작은 경우
      아래 연산을 진행한다.
          temp=value[y];
          value[y]=value[y+1] ; //
                    value[y]에 value[y+1]를 대
                    입한다.
          value[y+1]=temp ; //
                    value[y+1]에 temp를 대입
                    한다. 앞서 변수 temp에는
                    value[y]가 대입되어 있으므
                    로 결과적으로 value[y+1]
                    에 초기의 value[y]가 온다.
      }
    }
  }
}
```

※ 문제 소스코드에서 조건 만족시 value[y]값과 value[y+1]값의 자리바꿈이 이루어지며, 위의 문제는 내림차순 정렬이므로 value[y] < value[y+1] 조건이 만족할 때 자리바꿈이 되어야 한다.

43 ④

원형 큐 … 큐의 배열을 원형으로 표현하며 큐를 구성하는 배열의 처음과 끝을 이어놓은 형태의 큐를 말한다. 가장 첫 원소를 Front라 하고, 가장 끝 원소는 rear이라 한다.

큐는 들어올 때 가장 끝자리 rear로 들어오지만 뺄 때는 가장 처음인 front부터 빠지는 특성이 있다.

※ 원형 큐 삽입 순서
  ㉠ rear 값을 1 증가 : rear=(rear+1)%M
  ㉡ 큐가 포화상태인지 검사 : (front==rear)
  ㉢ 객체를 rear 위치에 입력

44 ①

개념스키마
  ㉠ 데이터베이스의 전체적인 논리적 구조로서 모든 응용프로그램이나 사용자들이 필요로 하는 데이터를 종합한 조직 전체의 데이터베이스로 하나만 존재한다.
  ㉡ 게체간의 관계와 제약조건을 나타내고 데이터베이스의 접근권한, 보안 및 무결성 규칙에 관한 명세를 정의한다.
  ㉢ 데이터베이스 파일에 저장되는 데이터의 형태를 나타낸다.
  ㉣ 단순히 스키마라고 하면 개념스키마를 의미하는 것이며, 기관이나 조직에서는 DB로 정의한다.
※ 데이터베이스의 특징
  ㉠ 똑같은 자료를 중복하여 저장하지 않는 통합된 자료이다.
  ㉡ 컴퓨터가 액세스하여 처리할 수 있는 저장장치에 수록된 자료이다.
  ㉢ 어떤 조직의 기능을 수행하는 데 없어서는 안 되며 존재 목적이 뚜렷하고 유용성 있는 운영 자료이기 때문에 임시로 필요해서 모아 놓은 데이터나 단순한 입출력 자료가 아니다.
  ㉣ 한 조직에서 가지는 데이터베이스는 그 조직 내의 모든 사람들이 소유하고 유지하며 이용하는 공동 자료로서 각 사용자는 같은 데이터라 할지라도 각자의 응용목적에 따라 다르게 사용할 수 있다.

45 ①

데이터베이스 관리 시스템(DBMS)의 정의
  ㉠ DBMS(DataBase Management System)는 응용프로그램과 데이터베이스의 중재자로서, 응용 프로그램들이 데이터베이스를 공용할 수 있도록 하는 시스템소프트웨어이다.
  ㉡ 데이터베이스를 액세스하기 위해 제어, 접근방법, 관리 등의 기능을 수행하는 소프트웨어로, 파일 시스템에서 야기된 데이터의 종속성·중복성 문제를 해결하기 위해 사용된다.
  ㉢ DBMS를 이용하는 응용 프로그램은 데이터베이스의 생성, 접근 방법, 보안, 물리적 구조 등의 자세한 설명 없이, 원하는 데이터와 처리 작업만을 DBMS에 요청하면 된다.

ⓔ DBMS는 데이터베이스를 종합적으로 조직·접근하며 전체적으로 통제할 수 있는 프로그램들로 구성되어 있으므로 응용 프로그램의 요청을 책임지고 수행시켜 줄 수 있다.

46 ⑤

능동적 공격

ⓐ 무차별 공격(Brute-Force) : 암호 해독 가능성이 있어 보이는 모든 조합을 대입하려는 시도

ⓑ 신분위장(Masquerading) : spoofing과 동의어. 권한을 가진 사람처럼 가장할 수 있는 데이터를 사용해 공격하는 방법이다.

ⓒ 패킷 재사용(Packet Replay) : 전송되는 패킷을 기록하여 이를 재사용 한다.

ⓓ 메시지 수정(Message Modification) : 전송되는 패킷을 가로채어 변경하고 이를 전송함으로써 본래의 메시지를 변형시키는 방법이다.

ⓔ 서비스 거부 공격(Denial of service Attack) : 한 사용자가 시스템의 리소스를 모두 독점하거나 파괴함으로써 다른 사용자들의 서비스 이용을 불가능하게 만드는 공격이다. SYN Flooding, ping Flooding, DDoS 등의 유형이 있다.

47 ③

대칭키 암호 알고리즘은 암호화 알고리즘의 한 종류로, 암호화와 복호화에 같은 암호키를 쓰는 알고리즘을 의미한다. 대칭키 암호에서는 암호화를 하는 측과 복호화를 하는 측이 같은 암호키를 공유해야 한다. 많은 암호화 통신에서는 비밀키 암호를 사용하여 대칭키 암호의 공통 키를 공유하고 그 키를 기반으로 실제 통신을 암호화하는 구조를 사용한다.

※ **정보보안의 3요소**

ⓐ 기밀성 : 비인가된 개인, 단체 등으로부터 정보보호를 한다.

ⓑ 무결성 : 정보의 저장, 전달시 비인가된 방식으로 정보와 소프트웨어가 변경·파괴·훼손되지 않도록 정확성, 완전성을 보호한다.

ⓒ 가용성 : 인가된 사용자가 정보나 서비스를 요구할 때 사용하도록 하는 것이다.

48 ③

'통신과금서비스이용자'란 통신과금서비스제공자로부터 통신과금서비스를 이용하여 재화 등을 구입·이용하는 자를 말한다〈정보통신망 이용촉진 및 정보보호 등에 관한 법률 제2조 제12호〉.

49 ①

ISO 27001 관리 항목 요구사항

• 자산 관리 : 조직의 자산에 대한 적절한 보안책을 유지

• 정보보호정책 : 정보보호관리에 대한 방침과 지원사항을 제공하기 위함

• 정보보호조직 : 조직 내에서 정보보호를 효과적으로 관리, 정보보호에 대한 책임을 설정

• 인력자원보안 : 사람에 의한 보안의 중요성 강조, 고용 전, 고용 중, 고용 만료로 분류

• 물리적 및 환경보안 : 비인가된 접근, 손상과 사업장 및 정보에 대한 영향을 방지

• 통신 및 운영관리 : 정보처리 설비의 정확하고 안전한 운영을 보장

• 접근통제 : 정보에 대한 접근통제

• 정보시스템 구축, 개발 및 유지 : 정보 시스템 내에 보안이 수립되었음을 보장

• 정보보호사고관리 : 정보시스템과 관련된 정보보호사건이나 약점 중에 대해 적절하고 의사소통이 되면서 대응책을 신속히 수립하기 위함

• 사업 연속성 관리 : 사업 활동에 방해요소를 완화시키며, 주요 실패 및 재해의 영향으로부터 주요 사업 활동을 보호

• 적법성 : 조직의 정보보호정책이나 지침 등을 준수

50 ③

데이터베이스 시스템 요구사항

ⓐ 부적절한 접근방지 : 승인된 사용자의 접근요청을 DBMS에 의해 검사

ⓑ 추론방지 : 일반적 데이터로부터 비밀정보를 획득하는 추론이 불가능함

ⓒ 데이터베이스의 무결성 보장 : 데이터베이스의 일관성 유지를 위하여 모든 트랜잭션은 원자적이어야 하고, 복구시스템은 로그파일을 이용하여 데이터에 수행된 작업, 트랜잭션 제어, 레코드 수정 전 후 값 등을 기록해야 함

ⓔ 데이터의 운영적 무결성 보장 : 트랜잭션의 병행처리 동안에 데이터베이스 내의 데이터에 대한 논리적인 일관성을 보장함

ⓜ 데이터의 의미적 무결성 보장 : 데이터베이스는 데이터에 대한 허용값을 통제함으로써 변경 데이터의 논리적 일관성을 보장함

ⓗ **감사기능** : 데이터베이스에 대한 모든 접근의 감사 기록을 생성해야 함

ⓢ **사용자 인증** : DBMS는 운영체제의 사용자 인증보다 엄격한 인증 요구함

51 ④

추상클래스란, 추상 메소드를 갖고 있는 클래스를 말한다. 추상메소드란, 실질적인 구현을 갖지 않고 메소드 선언만 있는 경우를 의미한다. 즉, 구현없이 메소드 이름과 선언형태만 있는 것을 말한다. 추상 클래스는 구현을 완료하지 않고 단지 외형만을 제공하므로 반드시 다른 클래스에 의해 상속된 후에 사용 되어야 하므로 추상클래스는 기능을 제시할 클래스라 할 수 있다. 추상클래스를 상속하여 그 메소드를 Override 하는 현상을 통해 재정의가 이루어질 수 있다. 추상 클래스는 단일 상속을 지원하며 일반 메소드와 추상 메소드를 갖는다. 인터페이스는 클래스를 상속 받을 수 없다.

52 ③

$$A_v = -g_m \frac{R_d}{1 + g_m R_s}$$

$$= 2000 \times 10^{-6} \times \frac{10 \times 10^3}{1 + 2000 \times 10^{-6} \times 10 \times 10^3} \simeq \frac{1}{2}$$

$$\frac{v_\in}{Av} = \frac{20}{2} = 10$$

53 ③

$$\lambda = \frac{c}{f} = \frac{3 \times 10^8}{1,000 \times 10^6} = 0.3 \text{ 이므로}$$

$$\frac{\lambda}{4} = 7.5 [cm]$$

54 ②

MIMO(미모 또는 마이모) … 무선 통신의 용량을 높이기 위한 스마트 안테나 기술이다. MIMO는 기지국과 단말기에 여러 안테나를 사용하여, 사용된 안테나수에 비례하여 용량을 높이는 기술이다. 여기서 기지국은 송신단을 의미하고 단말기는 수신단을 의미한다. 예를 들면 기지국에 M개, 단말기에 N개를 설치할 경우 min(M,N) 만큼 평균 전송 용량이 늘어난다. 특별히 N=1로 기지국에만 여러 개 안테나를 사용하는 경우를 MISO, M=1로 단말기에만 여러 개 안테나를 사용하는 경우를 SIMO 그리고 (M,N) = (1,1)인 경우를 SISO라 부른다.

※ **다이버시티수신**(diversity reception) … 전파의 전파 도중에 일어나는 페이딩을 제거하고 항상 일정한 강도로 수신할 수 있게 하는 방식을 말한다. 출력방식에 따라 여러가지가 있으며 단파통신에서 공간 다이버시티가 주로 쓰인다.

② MIMO(미모 또는 마이모)는 송수신 다이버시티가 사용된다.

55 ②

변조를 하는 이유와 목적

㉠ 송수신용 안테나의 길이를 짧게 할 수 있다.

㉡ 주파수 분할 다중화통신을 하여 여러 신호를 동시에 송수신 할 수 있다.

㉢ 반송파에 실어서 전송함으로 장거리 통신을 할 수 있으며 잡음과 노이즈를 제거 할 수 있다.

㉣ 회로 소자를 단순화 할 수 있다

㉤ 시스템을 소형화 할 수 있다.

1 ⑤
① 캡슐 커피라는 신제품을 통해 경쟁의 축을 바꿈으로써 시장을 선도하였다.
② 전체적인 구조조정을 통한 원가 혁신을 단행했다.
③ 시계를 패션 아이템으로 차별화하였다.
④ 경쟁의 범위를 솔루션 영역으로 확장하였다.

2 ④
한국의 관광 관련 고용자 수는 50만 명으로 전체 2% 수준이다. 이를 세계 평균 수준인 8% 이상으로 끌어올리려면 150만 여명 이상을 추가로 고용해야 한다. 백만 달러당 50명의 일자리가 추가로 창출되므로 150만 명 이상을 추가로 고용하려면 대략 300억 달러 이상이 필요하다.
① 약 1조 8,830억 달러 정도이다.
② 2017년 기준으로 지난해인 2016년도의 내용이므로 2015년의 종사자 규모는 알 수 없다. 2016년 기준으로는 전 세계 통신 산업의 종사자는 자동차 산업의 종사자의 약 3배 정도이다.
③ 간접 고용까지 따지면 2억 5,500만 명이 관광과 관련된 일을 하고 있어, 전 세계적으로 근로자 12명 가운데 1명이 관광과 연계된 직업을 갖고 있는 셈이다. 추측해보면 2017년 전 세계 근로자 수는 20억 명을 넘는다.
⑤ 2010년부터 2030년 사이 이 지역으로 여행하는 관광객이 연평균 9.7% 성장하여 2030년 5억 6,500만 명이 동북아시아를 찾을 것으로 전망했으므로 2020년에 동북아시아를 찾는 관광객의 수는 연간 약 2억 8,000만명을 넘을 수 없다.

3 ①
"을"인 ○○발전이 "갑"인 한국전력공사로부터 태양열 발전 장려금을 수령하여 신청자에게 지급하는 것이 태양열 발전 장려금의 지급 흐름이 된다. 또한 이 경우, ○○발전은 한국전력공사의 요청에 의해 장려금 지급에 대한 사용실적 등의 내역을 열람할 수 있도록 해야 할 의무가 있을 것이다. 따라서 빈칸은 을 - 을 - 갑 - 갑의 순으로 채워지는 것이 타당하다.

4 ③
내규에 따르면 뇌물로 인정되기 위해서는 그것이 직무에 관한 것이어야 하는데, '직무'란 임직원 또는 중재인의 권한에 속하는 직무행위 그 자체뿐만 아니라 직무와 밀접한 관계가 있는 행위를 말한다. C의 경우 홍보부 가짜뉴스 대응팀 직원이므로 외국인 산업연수생에 대한 관리업체 선정은 C의 권한에 속하는 직무행위이거나 직무와 밀접한 관계에 있는 행위라고 볼 수 없으므로 뇌물에 관한 죄에 해당하지 않는다.

5 ④
④ 혼인이나 제사 따위의 관혼상제 같은 어떤 의식을 치르다.
① 사람이 어떤 장소에서 생활을 하면서 시간이 지나가는 상태가 되게 하다.
② 서로 사귀어 오다.
③ 과거에 어떤 직책을 맡아 일하다.
⑤ 계절, 절기, 방학, 휴가 따위의 일정한 시간을 보내다.

6 ①
부지 용도가 단독주택용지이고 토지사용 가능시기가 '즉시'라는 공고를 통해 계약만 이루어지면 즉시 이용이 가능한 토지임을 알 수 있다.
② 계약체결 후 남은 금액은 공급가격에서 계약금을 제외한 33,250,095,000원이다. 이를 무이자로 3년간 6회에 걸쳐 납부해야 하므로 첫 번째 내야 할 중도금은 5,541,682,500원이다.
③ 규모 400㎡의 단독주택용지를 주택건설업자에게 분양하는 공고이다.
④ 계약금은 공급가격의 10%로 보증금이 더 적다.
⑤ 본 계약은 선착순 수의계약이다.

7 ③

① 외부 전시장 사전 답사일인 7월 7일은 토요일이다.

② 丙 사원은 개인 주간 스케줄인 '홈페이지 전시 일정 업데이트' 외에 7월 2일부터 7월 3일까지 '브로슈어 표지 이미지 샘플조사'를 하기로 결정되었다.

④ 2018년 하반기 전시는 관내 전시장과 외부 전시장에서 열릴 예정이다.

⑤ 乙 사원은 7. 2(월)~7. 5(목)까지 상반기 전시 만족도 설문조사를 진행할 예정이다.

8 ④

설문조사지는 조사의 목적에 적합한 결과를 얻을 수 있는 문항으로 작성되어야 한다. 제시된 설문조사는 보다 나은 제품과 서비스 공급을 위하여 브랜드 인지도를 조사하는 것이 목적이므로, 자사 자사의 제품이 고객들에게 얼마나 인지되어 있는지, 어떻게 인지되었는지, 전자제품의 품목별 선호

브랜드가 동일한지 여부 등 인지도 관련 문항이 포함되어야 한다.

④ 특정 제품의 필요성을 묻고 있으므로 자사의 브랜드 인지도 제고와의 연관성이 낮아 설문조사 항목으로 가장 적절하지 않다.

9 ④

④ 다섯 번째 카드에서 교통약자석에 대한 인식 부족으로 교통약자석이 제 기능을 못하고 있다는 지적은 있지만, 그에 따른 문제점들을 원인에 따라 분류하고 있지는 않다.

① 첫 번째 카드

② 세 번째 카드

③ 네 번째 카드

⑤ 여섯 번째 카드

10 ②

② 카드 뉴스는 신문 기사와 달리 글과 함께 그림을 비중 있게 제시하여 의미 전달을 효과적으로 하고 있다.

① 통계 정보는 (나)에서만 활용되었다.

③ 표제와 부제의 방식으로 제시한 것은 (나)이다.

④ 비유적이고 함축적인 표현들은 (가), (나) 모두에서 사용되지 않았다.

⑤ 신문 기사는 표정이나 몸짓 같은 비언어적 요소를 활용할 수 없다.

11 ②

출발시각과 도착시각은 모두 현지 시각이므로 시차를 고려하지 않으면 A→B가 4시간, B→A가 12시간 차이가 난다. 비행시간은 양 구간이 동일하므로 $\frac{4+12}{2}=8$, 비행시간은 8시간이 된다.

비행시간이 8시간인데 시차를 고려하지 않은 A→B 구간의 이동시간이 4시간이므로 A가 B보다 4시간 빠르다는 것을 알 수 있다.

12 ③

2017년을 기준으로 볼 때, 중앙값이 1억 8,525만 원이며, 평균이 3억 1,142만 원임을 알 수 있다. 중앙값이 평균값에 비해 매우 적다는 것은 소수의 사람들에게 순자산 보유액이 집중되어 있다는 것을 의미한다고 볼 수 있다.

① 순자산 보유액 구간의 중간인 '4~5' 미만 기준으로 구분해 보면, 상대적으로 순자산 보유액이 많은 가구가 적은 가구보다 2017년 비중이 전년보다 더 증가하였다.

② 주어진 표로 가구의 소득은 알 수 없다.

④ 전체의 66.1%를 차지한다.

⑤ 2016년 34.7%에서 2017년 34.1%로 0.6%p 줄었다.

13 ③

③ 봉급이 193만 원 이라면 보수총액은 공제총액의 약 5.6배이다.

① 소득세는 지방소득세의 10배이다.

② 소득세가 공제총액에서 차지하는 비율은 약 31%이다.

④ 시간외수당은 정액급식비와 20만 원 차이난다.

⑤ 공제총액에서 차지하는 비율이 가장 낮은 것은 장기요양보험료(9,800원)이다.

14 ②

정전사고와 전기화재 건수 단위가 다른 것에 주의하여 계산해 보면, 2012년부터 정전사고와 전기화재 건수의 합은 각각 350,392건, 334,092건, 341,762건, 354,621건, 336,292건으로 지속적으로 감소한 것은 아님을 알 수 있다.

15 ④

2006년의 총 인구 수가 1천만 명이라면 총 자동차 감전사고 건수는 $1,000 \times 3.1 = 3,100$건이 된다. 2016년의 총 인구 수를 x라 하면, 2016년의 총 감전사고 건수가 3,100건이 되기 위해서는 $10,000 : 1.7 = x : 3,100$이 성립해야 한다.

따라서 $x = 10,000 \times 3,100 \div 1.7 = 18,235,294 \rightarrow$ 18,235천 명이 된다.

16 ①

㉠ '거리 = 속도 × 시간'이므로,
- 정문에서 후문까지 가는 속도 : 20m/초 = 1,200m/분
- 정문에서 후문까지 가는데 걸리는 시간 : 5분
- 정문에서 후문까지의 거리 : $1200 \times 5 = 6,000m$

㉡ 5회 왕복 시간이 70분이므로,
- 정문에서 후문으로 가는데 소요한 시간 : 5회 × 5분 = 25분
- 후문에서 정문으로 가는데 소요한 시간 : 5회 × x분
- 쉬는 시간 : 10분
- 5회 왕복 시간 : $25 + 5x + 10$분 $= 70$분

∴ 후문에서 정문으로 가는데 걸린 시간 $x = 7$분

17 ④

㉠ 2006년 대비 2010년의 청소기 매출액 증가율이 62.5%이므로,

2010년의 매출액을 x라 하면,

$$\frac{x - 320}{320} \times 100 = 62.5, \quad \therefore x = 520\,(억\ 원)$$

㉡ 2002년 대비 2004년의 청소기 매출액 감소율이 10%이므로,

2002년의 매출액을 y라 하면,

$$\frac{270 - y}{y} \times 100 = -10, \quad \therefore y = 300\,(억\ 원)$$

∴ 2002년과 2010년의 청소기 매출액의 차이
 : $520 - 300 = 220\,(억\ 원)$

18 ③

㉠ 융합서비스의 생산규모 2006년에 전년대비 1.2배가 증가하였으므로,
- ㈎는 $3.5 \times 1.2 = 4.2$가 되고
- ㈏는 $38.7 + 9.0 + 4.2 = 51.9$가 된다.

㉡ 2007년 정보기기의 생산규모는 전년대비 3천억 원이 감소하였으므로,
- ㈐는 $71.1 - (47.4 + 13.6) = 10.1$이고
- ㈑는 $10.1 + 3 = 13.1$이고,
- ㈒는 $43.3 + 13.1 + 15.3 = 71.7$이다.

따라서 ㈓는 ㈏ + ㈒ $= 51.9 + 71.7 = 123.6$이다.

19 ①

㉠ B사 주가의 최댓값은 57(백 원)

㉡ 월별 주가지수는
- 1월 주가지수 $= \dfrac{5000 + 6000}{5000 + 6000} \times 100 = 100.0$
- 2월 주가지수 $= \dfrac{4000 + 6000}{5000 + 6000} \times 100 \fallingdotseq 90.9$
- 3월 주가지수 $= \dfrac{5700 + 6300}{5000 + 6000} \times 100 \fallingdotseq 109.1$
- 4월 주가지수 $= \dfrac{4500 + 5900}{5000 + 6000} \times 100 \fallingdotseq 94.5$
- 5월 주가지수 $= \dfrac{3900 + 6200}{5000 + 6000} \times 100 \fallingdotseq 91.8$
- 6월 주가지수 $= \dfrac{5600 + 5400}{5000 + 6000} \times 100 \fallingdotseq 100.0$

∴ 주가지수의 최솟값은 90.9(2월)이다.

20 ③

주어진 자료를 근거로 괄호 안의 숫자를 채우면 다음과 같다.

구분	2015년	2016년
남(초) + 여(초)	$260 - 22 = 238$	$(241 + 238 + x) \div 3$ $= 233,\ x = 220$
남(재) + 여(초)	$15 - 4 = 11$	$(14 + 11 + x) \div 3$ $= 12,\ x = 11$
남(초) + 여(재)	$19 - 4 = 15$	$(16 + 15 + x) \div 3$ $= 16,\ x = 17$
남(재) + 여(재)	$41 - 7 = 34$	$(33 + 34 + x) \div 3$ $= 33,\ x = 32$

따라서 ㉠은 초혼 남자이므로 '남(초) + 여(초)'인 220명과 '남(초) + 여(재)'인 17명의 합인 237명이 되며, ㉡은 재혼 남자이므로 '남(재) + 여(초)'인 11명과 '남(재) + 여(재)'인 32명의 합인 43명이 된다.

21 ④

⑺ 매년 '남(초) + 여(재)'의 건수가 '남(재) + 여(초)'의 건수보다 많으므로 타당한 판단이라고 볼 수 있다.

⑻ 이혼율 관련 자료가 제시되지 않아 이혼율과 초혼 간의 혼인율의 상관관계를 판단할 수 없다.

⑼ 여성의 재혼 건수는 2008년, 2010년, 2012년에 전년보다 증가하였다. 이때 남성의 재혼 건수도 전년보다 증가하였으므로 타당한 판단이다.

⑽ 2016년에는 10년 전보다 초혼, 재혼 등 모든 항목에 있어서 큰 폭의 감소를 나타내고 있다.

따라서 타당한 판단은 ⑺와 ⑼이다.

22 ⑤

직원	성공추구 경향성과 실패회피 경향성	성취행동 경향성
A	성공추구 경향성 $=3 \times 0.7 \times 0.2 = 0.42$ 실패회피 경향성 $=1 \times 0.3 \times 0.8 = 0.24$	$=0.42 - 0.24 = 0.18$
B	성공추구 경향성 $=2 \times 0.3 \times 0.7 = 0.42$ 실패회피 경향성 $=1 \times 0.7 \times 0.3 = 0.21$	$=0.42 - 0.21 = 0.21$
C	성공추구 경향성 $=3 \times 0.4 \times 0.7 = 0.84$ 실패회피 경향성 $=2 \times 0.6 \times 0.3 = 0.36$	$=0.84 - 0.36 = 0.48$

23 ③

인천에서 모스크바까지 8시간이 걸리고, 6시간이 인천이 더 빠르므로

$09 : 00$시 출발 비행기를 타면 $9 + (8 - 6) = 11$ 시 도착

$19 : 00$시 출발 비행기를 타면 $19 + (8 - 6) = 21$ 시 도착

$02 : 00$시 출발 비행기를 타면 $2 + (8 - 6) = 4$ 시 도착

24 ①

② 흑수부는 백산부의 북서쪽에 있다.

③ 백산부는 불열부의 남쪽에 있다.

④ 안차골부는 속말부의 동북쪽에 있다.

⑤ 안차골부는 고구려에 인접해 있지 않다.

25 ⑤

• A가 거짓말을 하는 경우 : C의 말에 의해 E도 거짓말을 하기 때문에 조건에 맞지 않는다.

• B가 거짓말을 하는 경우 : A도 거짓말을 하기 때문에 조건에 맞지 않는다.

• C가 거짓말을 하는 경우 : A, E가 참이기 때문에 E의 진술에 의해 D도 거짓말이기 때문에 조건에 맞지 않는다.

• D가 거짓말을 하는 경우 : C의 말에 의해 E도 거짓말을 하기 때문에 조건에 맞지 않는다.

26 ③

① A 단체는 자유무역협정을 체결한 필리핀에 드라마 콘텐츠를 수출하고 있지만 올림픽과 관련된 사업은 하지 않는다. 최종 선정 시 올림픽 관련 단체를 엔터테인먼트 사업 단체보다 우선하므로 B, C와 같이 최종 후보가 된다면 A는 선정될 수 없다.

② 올림픽의 개막식 행사를 주관하는 모든 단체는 이미 보건복지부로부터 지원을 받고 있다. B 단체는 올림픽의 개막식 행사를 주관하는 단체이다. →B 단체는 선정될 수 없다.

③ A와 C 단체 중 적어도 한 단체가 최종 후보가 되지 못한다면, 대신 B와 E 중 적어도 한 단체는 최종 후보가 된다. 보기 ②⑤를 통해 B, E 단체를 후보가 될 수 없다. 후보는 A와 C가 된다.

④ D가 최종 후보가 된다면, 한국과 자유무역협정을 체결한 국가와 교역을 하는 단체는 모두 최종 후보가 될 수 없다. D가 최종 후보가 되면 A가 될 수 없고 A가 된다면 D는 될 수 없다.

⑤ 후보 단체들 중 가장 적은 부가가치를 창출한 단체는 최종 후보가 될 수 없고, 한국 음식문화 보급과 관련된 단체의 부가가치 창출이 가장 저조하였다. E 단체는 오랫동안 한국 음식문화를 세계에 보급해 온 단체이다. → E 단체는 선정될 수 없다.

27 ④

SWOT분석은 기업의 내부환경과 외부환경을 분석하여 강점(strength), 약점(weakness), 기회(opportunity), 위협(threat) 요인을 규정하고 이를 토대로 경영전략을 수립하는 기법이다. 기회 요인은 경쟁, 고객, 거시적 환경 등과 같은 외부환경으로 인해 비롯된 기회를 말한다.

④ 난공불락의 甲자동차회사는 위협 요인에 들어가야 한다.

28 ③

- (라)를 통해 일본은 ㉠~㉧의 일곱 국가 중 4번째인 ㉣에 위치한다는 것을 알 수 있다.

- (가)와 (나)를 근거로 ㉠~㉢은 스웨덴, 미국, 한국이, ㉤~㉧은 칠레, 멕시코, 독일이 해당된다는 것을 알 수 있다.

- (다)에서 20%p의 차이가 날 수 있으려면, 한국은 ㉠이 되어야 한다. ㉠이 한국이라고 할 때, 일본을 제외한 ㉡, ㉢, ㉤, ㉥, ㉧ 국가의 조합으로 20%p의 차이가 나는 조합을 찾으면, (68 + 25)와 (46 + 27)뿐이다. 따라서 ㉢은 스웨덴, ㉥은 칠레, ㉧은 멕시코임을 알 수 있다.

- (가)와 (나)에 의하여 남은 ㉡은 미국, ㉤은 독일이 된다.

29 ⑤

	한국어	영어	프랑스어	독일어	중국어	태국어
갑	○	○	×	×	×	×
을	○	×	○	×	×	×
병	×	○	×	○	×	×
정	×	×	○	×	○	×
무	○	×	×	×	×	○

30 ①

㉠ 제인의 기준 : 가격 + 원료

제품명 평가기준	B	D	K	M
원료	10	8	5	8
가격	4	9	10	7
총점	14	17	15	15

㉡ 데이먼의 기준 : 소비자 평가 총점

제품명 평가기준	B	D	K	M
원료	10	8	5	8
가격	4	9	10	7
인지도	8	7	9	10
디자인	5	10	9	7
총점	27	34	33	32

㉢ 밀러의 기준 : 인지도 + 디자인

제품명 평가기준	B	D	K	M
인지도	8	7	9	10
디자인	5	10	9	7
총점	13	17	18	17

㉣ 휴즈의 기준 : 원료 + 가격 + 인지도

제품명 평가기준	B	D	K	M
원료	10	8	5	8
가격	4	9	10	7
인지도	8	7	9	10
총점	22	24	24	25

㉤ 구매 결과

제인	데이먼	밀러	휴즈
D	D	K	M

31 ③

INDEX(범위, 행, 열)이고 MOD 함수는 나누어 나머지를 구해서 행 값을 구한다.

INDEX 함수 = INDEX($E$2:$E$4, MOD(A2 − 1, 3) + 1)

범위 : $E$2:$E$4

행 : MOD(A2 − 1, 3) + 1

MOD 함수는 나머지를 구해주는 함수 = MOD(숫자, 나누는 수), MOD(A2 − 1, 3) + 1의 형태로 된다.

A2의 값이 1이므로 1 − 1 = 0, 0을 3으로 나누면 나머지 값이 0이 되는데 0 + 1을 해줌으로써 INDEX($E$2:$E$4,1)이 된다.

번호 6의 김윤중의 경우

INDEX($E$2:$E$4, MOD(A7 − 1, 3) + 1)

6(A7의 값) − 1 = 5, 5를 3으로 나누면 나머지가 2

2 + 1 = 3이므로 3번째 행의 총무팀 값이 들어감을 알 수 있다.

32 ③

FREQUENCY(배열1, 배열2) : 배열2의 범위에 대한 배열1 요소들의 빈도수를 계산

*PERCENTILE(범위, 인수) : 범위에서 인수 번째 백분위수 값

함수 형태 = FREQUENCY(Data_array, Bins_array)

Data_array : 빈도수를 계산하려는 값이 있는 셀 주소 또는 배열

Bins_array : Data_array 를 분류하는데 필요한 구간 값들이 있는 셀 주소 또는 배열

수식 : { = FREQUENCY(B3:B9, E3:E6)}

33 ②

'#,###,'이 서식은 천 단위 구분 기호 서식 맨 뒤에 쉼표가 붙은 형태로 소수점 이하는 없애고 정수 부분은 천 단위로 나타내면서 동시에 뒤에 있는 3자리를 없애준다. 반올림 대상이 있을 경우 반올림을 한다.

2451648.81 여기에서 소수점 이하를 없애주면 2451648이 되고, 그 다음 정수 부분에서 뒤에 있는 3자리를 없애주는데 맨 뒤에서부터 3번째 자리인 6이 5 이상이므로 반올림이 된다. 그러므로 결과는 2,452 가 된다.

34 ④

= SUM($B$2:C2) 이렇게 수식을 입력을 하고 아래로 채우기 핸들을 하게 되면 셀 주소가 다음과 같이 변하게 된다.

= SUM($B$2:C2) → D2셀

= SUM($B$2:C3) → D3셀

= SUM($B$2:C4) → D4셀

B2셀은 절대참조로 고정하였으므로 셀 주소가 변하지 않고, 상대참조로 잡은 셀은 열이 C열로 고정되었고 행 주소가 바뀌게 된다.

그러면 각각 셀에 계산된 결과가 다음과 같이 나온다.

D2셀에 나오는 값 결과 : 15 (5 + 10 = 15)

D3셀에 나오는 값 결과 : 36 (5 + 7 + 10 + 14 = 36)

D4셀에 나오는 값 결과 : 63 (5 + 7 + 9 + 10 + 14 + 18 = 63)

35 ④

MIN 함수에서 최소값을 반환한 후, IF 함수에서 "이상 없음" 문자열이 출력된다. B3의 내용이 1로 바뀌면 출력은 "부족"이 된다.

㉠ 반복문은 사용되고 있지 않다.

㉢ 현재 입력으로 출력되는 결과물은 "이상 없음"이다.

36 ④

'=LARGE(B2:B7,2)'는 범위 안에 있는 값들 중에서 2번째로 큰 값을 찾으라는 수식이므로 800이 답이다.

37 ②

숫자는 1, 4, 7, 10, 13, 16으로 채워지고 요일은 월, 수, 금, 일, 화, 목으로 채워지고 있다. 따라서 A6값은 16이고 B6값은 목요일이다.

38 ②

a, S의 값의 변화과정을 표로 나타내면

a	S
2012	0
2012	0 + 2012
201	0 + 2012 + 201
20	0 + 2012 + 201 + 20
2	0 + 2012 + 201 + 20 + 2
0	0 + 2012 + 201 + 20 + 2 + 0

따라서 인쇄되는 S의 값은
$0 + 2012 + 201 + 20 + 2 + 0 = 2235$ 이다.

39 ①

오른쪽 워크시트는 왼쪽 워크시트를 텍스트 나누기 기능을 통해 열구분선을 기준으로 하여 텍스트를 나눈 결과이다.

40 ③

2011년 10월 생산품이므로 1110의 코드가 부여되며, 일본 '왈러스' 사는 5K, 여성용 02와 블라우스 해당 코드 006, 10,215번째 입고품의 시리얼 넘버 10215가 제품 코드로 사용되므로 1110 - 5K - 02006 - 10215 가 된다.

41 ②

능력 성숙도 모형 결합(Capability Maturity Model Integration, CMMI)은 조직에서 수행을 향상시키기 위해 업무절차들을 체계화하는 일이다. 역량 성숙도 모형 결합이라고도 한다. CMMI의 조직 개발 프로세스 성숙도는 레벨 1~레벨 5로 나뉘어 있다. 레벨 1은 매우 미숙하고 혼돈된 프로세스(Ad-hoc Process)이며, 레벨 5는 최적화된 가장 성숙한 최고수준의 프로세스(Optimizing)이다.

ⓐ 레벨 1(Initial ; 초기) : 개인의 역량에 따라 프로젝트의 성공과 실패가 좌우된다. 소프트웨어 개발 프로세스는 거의 없는 상태를 의미한다.

ⓑ 레벨 2(Managed ; 관리) : 프로세스 하에서 프로젝트가 통제되는 수준으로 조직은 프로세스에 대한 어느 정도의 훈련이 되었다고 볼 수는 있지만, 일정이나 비용과 같은 관리 프로세스 중심이다. 기존 유사 성공사례를 응용하여 반복적으로 사용한다.

ⓒ 레벨 3(Defined ; 정의) : 레벨 2에서는 프로젝트를 위한 프로세스가 존재한다면 레벨 3에서는 조직을 위한 표준 프로세스가 존재한다. 모든 프로젝트는 조직의 프로세스를 가져다 상황에 맞게 조정하여 승인받아 사용한다.

ⓓ 레벨 4(Quantitatively Managed ; 정량적 관리) : 소프트웨어 프로세스와 소프트웨어 품질에 대한 정량적인 측정이 가능해진다. 조직은 프로세스 데이터베이스를 구축하여 각 프로젝트에서 측정된 결과를 일괄적으로 수집하고 분석하여 품질평가를 위한 기준으로 삼는다.

ⓔ 레벨 5(Optimizing ; 최적화) : 이 레벨에서는 지속적인 개선에 치중한다. 조직적으로 최적화된 프로세스를 적용하여 다시 피드백을 받아 개선하는 상위 단계이다.

42 ②

프림(Prim) 알고리즘은 가중치가 있는 연결된 무향 그래프의 모든 꼭짓점을 포함하면서 각 변의 비용의 합이 최소가 되는 부분 그래프인 트리, 즉 최소비용 생성나무를 찾는 알고리즘이다.

• 임의의 정점 하나를 선택하여 최소 비용 신장트리 T로 정한다.

• 트리 T 안의 한 정점과 트리 T 밖의 한 정점을 연결하는 간선들 중 비용이 가장 작은 것을 선택함으로써 트리 T에 정점 한 개를 추가하는 작업을 모든 정점이 트리 T 안에 포함될 때까지 반복한다.

• 간선의 순서는 0-5-4-3-2-1-6 이다.

43 ①

ⓐ 네트워크 계층 – 라우터 ⓑ 데이터 링크 계층 – 브리지 ⓒ 물리 계층 – 리피터

※ OSI 계층

  ⓐ Physical(=물리 계층)

   • 상위 계층에서 내려온 비트들을 전송 매체를 통하여 어떤 전기적 신호로 전송할 것인가를 담당

   • 1계층의 대표적인 장비로 허브와 리피터가 있음

  ⓑ Data Link(=데이터 링크 계층)

   • 신호수준의 데이터 비트들이 물리 계층을 통과하면 데이터 블록을 형성, 이 데이터 블록에 대한 전송을 담당

- 인접한 개방형 시스템 간에 발생하는 다음과 같은 문제를 담당
  - 데이터 블록의 시작과 끝을 인식하는 동기화 문제
  - 발생된 오류를 검출하고 복원하는 오류문제 및 혼선 제어문제
- 2계층의 대표적인 장비로 스위치와 브리지가 있음

ⓒ Network(=네트워크 계층)
- 송신측과 수신측 사이에 보이지 않는 논리적인 링크를 구성
- 데이터를 패킷(packet) 단위로 분할하여 전송한 후 조립함
- 패킷 전송의 최적의 경로를 찾아주는 라우팅 기능 제공
- 3계층의 대표적인 장비로 라우터와 Layer 3 스위치가 있음

ⓔ Transport(=전송 계층)
- 사용자와 사용자, 컴퓨터와 컴퓨터 간에 연결을 확립하고 유지
- 송수신 시스템 간의 논리적인 안정과 균일한 서비스 제공
- 세션 계층에서 넘어온 데이터를 세그먼트(segment) 단위로 분할하고 번호를 붙임
- 오류 검출 코드를 추가하고 통신 흐름 제어를 제공

ⓜ Session(=세션 계층)
- 세션을 확립하여 순차적인 대화의 흐름이 원활하게 이루어지도록 동기화 기능 제공
- 데이터 전송 방향 결정

ⓗ Presentation(=표현 계층)
- 데이터를 표현하는 방식을 다루는 계층으로 데이터의 안정성을 높이기 위해 데이터 압축이나, 데이터 암호화 기능 제공
- 상이한 데이터 표현을 서로 가능케 하는 표준인터페이스 제공

ⓢ Application(=응용 계층) : 사용자의 응용 P·G(Program)이 네트워크 환경에 접근하는 창구역할을 하는 최상위 계층

44 ④

```
int main() {
int a[ ] = {1, 2, 4, 8}; // 배열 생성
int *p = a;              // 인트형 포인터 변수 p에
배열 a의 포인터 배정
p[1] = 3;                // p[1]에 3 배정
a[1] = 4;                // p[1]에 4 배정
p[2] = 5;                // p[2]에 5 배정
printf("%d, %d\n", a[1]+p[1], a[2]+p[2]);
                         // 배열 a[0]~[3]까지는 포인
                            터배열 p[0]~p[3]로 접근
                            가능
                         // 때문에 배열 a와 포인터배
                            열 p가 참조하는 기억공간
                            은 같다.
                         // a[1]+p[1]은 8이 출력되고
                            a[2]+p[2]는 10이 출력
return 0;
```

45 ④
하이브리드 암호 시스템의 단계별 구조
ⓐ 메시지는 대칭키 암호로 암호화 한다.
ⓑ 대칭키 암호의 암호화에서 사용한 세션키는 의사난수 생성키로 생성한다.
ⓒ 세션키는 공개키 암호로 암호화 한다.
ⓓ 메시지는 대칭키 암호로 복호화 한다.

46 ④

④ 통계적 분석에 대한 설명이다.

※ 블록 암호 공격 방법

   ⊙ 차분 공격 : 1990년 Biham과 Shamir에 의하여 개발된 선택된 평문 공격법으로, 두 개의 평문 블록들의 비트의 차이에 대하여 대응되는 암호문 블록들의 비트의 차이를 이용하여 사용된 암호열쇠를 찾아내는 방법이다.

   ⓛ 선형 공격(Linear Cryptanalysis) : 1993년 Matsui에 의해 개발되어 알려진 평문 공격법으로, 알고리즘 내부의 비선형 구조를 적당히 선형화시켜 열쇠를 찾는 방법이다.

   ⓒ 전수 공격(Exhaustive key search) : 1977년 Diffie와 Hellman이 제안한 방법으로 암호화할 때 일어날 수 있는 모든 가능한 경우에 대하여 조사하는 방법으로 경우의 수가 적을 때는 가장 정확한 방법이지만, 일반적으로 경우의 수가 많은 경우에는 실현 불가능한 방법이다.

   ⓔ 통계적 분석(Statistical analysis) : 암호문에 대한 평문의 각 단어의 빈도에 관한 자료를 포함하는 지금까지 알려진 모든 통계적인 자료를 이용하여 해독하는 방법이다.

   ⓜ 수학적 분석(Mathematical analysis) : 통계적인 방법을 포함하며 수학적 이론을 이용하여 해독하는 방법이다.

47 ③

WPA-PSK(Wi-Fi Protected Access Pre-Shared Key)

   ⊙ 802.11i 보안 표준 중 일부분으로 WEP 방식의 보안 문제점을 해결하기 위해 만들었다.

   ⓛ 암호화키를 이용해 128비트인 통신용 암호화키를 새로 생성하고 이 암호화키를 10,000개 패킷마다 바꾼다.

   ⓒ WPA-PSK는 암호화 알고리즘으로 TKIP(Temporal Key Integrity Protocol) 또는 AES알고리즘을 선택하여 사용하는 것이 가능하며, WEP보다 훨씬 더 강화된 암호화 세션을 제공한다.

   ⓔ AP에 접속하는 사용자마다 같은 암호화키를 사용한다는 점이 보안상 미흡하다.

48 ③

ISMS(Information Security Management System)를 흔히 정보 보안 경영시스템이라고 해석한다. BSI에서는 기업이 민감한 정보를 안전하게 보존하도록 관리할 수 있는 체계적 경영시스템이라고 정의한다.

정보보호 정책수립 및 범위설정	• 정보보호정책의 수립 • 범위설정
경영진 책임 및 조직구성	• 경영진 참여 • 정보보호, 조직구성 및 자원할당
위험관리	• 위험관리 방법 및 계획수립 • 위험 식별 및 평가 • 정보보호 대책 선정 및 이행계획 수립
정보보호대책 구현	• 정보보호대책의 효과적 구현 • 내부공유 및 교육
사후관리	• 법적요구사항 준수 검토 • 정보보호 관리체계 운영현황관리 • 내부감사

49 ④

블록 암호 알고리즘 … 암호학에서 블록 암호(block cipher)란 기밀성 있는 정보를 정해진 블록 단위로 암호화 하는 대칭키 암호 시스템이다. 만약 암호화하려는 정보가 블록 길이보다 길 경우에는 특정한 운용 모드가 사용된다.(예, ECB, CBC, OFB, CFB, CTR)

   ⊙ ECB(Electronic Codebook, 전자 부호표 모드) : 가장 간단한 모드로 기밀성이 가장 낮으며 평문 블록을 암호화 한 것이 그대로 암호문 블록이 된다.

   ⓛ CBC(Cipher Block Chaining, 암호 블록 연쇄 모드) : 암호문 블록을 마치 체인처럼 연결시키기 때문에 붙여진 이름이다. CBC는 암호화 입력 값이 이전 결과에 의존하기 때문에 병렬화가 불가능하지만, 복호화의 경우 각 블록을 복호화한 다음 이전 암호화 블록과 XOR하여 복구할 수 있기 때문에 병렬화가 가능하다.

   ⓒ CFB(Cipher Feedback, 암호 피드백 모드) : 암호 피드백(cipher feedback, CFB) 방식은 CBC의 변형으로, 블록 암호를 자기 동기 스트림 암호로 변환한다. CFB의 동작 방식은 CBC와 비슷하며, 특히 CFB 암호 해제 방식은 CBC 암호화의 역순과 거의 비슷하다.

ㄹ OFB(Output Feedback, 출력 피드백 모드) : 출력 피드백(output feedback, OFB)은 블록 암호를 동기식 스트림 암호로 변환하며 XOR 명령의 대칭 때문에 암호화와 암호 해제 방식은 완전히 동일하다.

ㅁ Counter(CTR, 카운터 모드) : 카운터(Counter, CTR) 방식은 블록 암호를 스트림 암호로 바꾸는 구조를 가진다. 카운터 방식에서는 각 블록마다 현재 블록이 몇 번째인지 값을 얻어, 그 숫자와 nonce를 결합하여 블록 암호의 입력으로 사용한다. 그렇게 각 블록 암호에서 연속적인 난수를 얻은 다음 암호화하려는 문자열과 XOR한다.

50 ②

근접한 전화 회선이나 신호 회선에서 다른 회선에 신호 전류가 누설하는 현상. 누화가 일어나는 원인은 정전 유도에 의한 것과 전자 유도에 의한 것이 있다. 즉 전기적결합에 의하여 다른 회선에 영향을 주는 현상으로 통신의 품질을 저하시키는 직접적인 원인이 된다.

누화에는 그 나타나는 방향이 신호 전류와 반대 방향으로 송단(送端)에 전해지는 근단 누화와, 신호 전류와 같은 방향으로 되어 수단(受端)으로 전해지는 원단 누화가 있다. 통신 회선의 누화를 방지하려면 나선에서는 교차, 반송에서는 대칭형 배치, 단거리 반송 방식에서는 압신기를 사용한다.

51 ③

$$비트수\ n = \frac{데이터신호속도}{심볼률} = \frac{5000}{2400} = 2.08$$

한번에 전송하는 비트수는 3개 이므로 $M = 2^3 = 8$

52 ②

OFDM (Orthogonal Frequency Division Multiplexing)이란 고속의 송신 신호를 수백개 이상의 직교(Orthogonal)하는 협대역 부 반송파(Subcarrier)로 변조시켜 다중화하는 방식이다. 단일 입력의 고속의 원천 데이터열을, 다중의 반송파에 분할하여 실어 전송한다는 측면에서는 변조 기술이며, 다중의 채널로 동시에 전송한다는 측면에서 다중화 기술이다.

② CP를 사용하면 신호의 뒤쪽의 일부를 앞으로 끌어당겨 붙여놓아 대역폭을 감소시키게 된다.

53 ④

다원접속은 여러 개의 지구국이 하나의 위성을 동시에 접속하여 서비스를 행하는 것이다.

54 ③

① IEEE 802.11 : 무선 LAN
② IEEE 802.15 : 근거리 무선 개인통신망(WPAN)
③ IEEE 802.16 : 무선 도시지역망(WMAN)
④ IEEE 802.21 : 다양한 통신 환경에서도 끊김 없이 데이터를 주고받을 수 있도록 제안된 새로운 통신 기술(MiH)

55 ①

가시경로가 없는 곳에도 잔파가 수신되는 것은 회절성이라 한다. 굴절은 파동이 서로 다른 매질 경계면을 지나면서 진행방향이 바뀌는 현상이다.

1 ④

국제사회와 빚고 있는 무역갈등은 자국의 이기주의 또는 보호무역주의에 의한 또 다른 문제로 볼 수 있으며, 제시된 기후변화와 화석에너지 정책의 변화 내용과는 관련이 없는 내용이라고 할 수 있다. 트럼프 행정부의 에너지 정책 추진에 관한 내용과 에너지원 활용 현황, 국제사회와의 협약 이행 여부 관찰 등은 모두 제시글의 말미에서 정리한 서론의 핵심 내용을 설명하기 위해 전개하게 될 사항들이다.

2 ③

발전소에서 생산된 전기는 변전소로 이동하기 전, 전압을 높이고 전류를 낮추는 승압(A) 과정을 거쳐 송전(B)된다. 또한 변전소에 공급된 전기는 송전 전압보다 낮은 전압으로 만들어져 여러 군데로 배분되는 배전(C) 과정을 거치게 되는데, 배전 과정에서 변압기를 통해 22.9KV의 전압을 가정에서 사용할 수 있는 최종 전압인 220V로 변압(D)하게 된다. 따라서 빈칸에 알맞은 말은 순서대로 '승압, 송전, 배전, 변압'이 된다.

3 ①

상사가 '다른 부분은 필요 없고, 어제 원유의 종류에 따라 전일 대비 각각 얼마씩 오르고 내렸는지 그 내용만 있으면 돼.'라고 하였다. 따라서 어제인 13일자 원유 가격을 종류별로 표시하고, 전일 대비 등락 폭을 한눈에 파악하기 쉽게 기호로 나타내 줘야 한다. 또한 '우리나라는 전국 단위만 표시하도록' 하였으므로 13일자 전국 휘발유와 전국 경유 가격을 마찬가지로 정리하면 ①과 같다.

4 ③

밑줄 친 '열고'는 '모임이나 회의 따위를 시작하다.'의 뜻으로 쓰였다. 따라서 이와 의미가 동일하게 쓰인 것은 ③이다.
① 닫히거나 잠긴 것을 트거나 벗기다.
② 사업이나 경영 따위의 운영을 시작하다.
④ 새로운 기틀을 마련하다.
⑤ 자기의 마음을 다른 사람에게 터놓거나 다른 사람의 마음을 받아들이다.

5 ④

마지막 단락에서 언급하고 있는 바와 같이 신혼부부 가구의 추가적인 자녀계획 포기는 경제적 지원 부족보다는 자녀양육 환경문제에 가장 크게 기인한다. 따라서 여성에게 경제적 지원을 늘린다고 인구감소를 막을 수 있는 것은 아니다.

6 ③

ⓒ은 3년간 축제 참여 현황을 통해 나타난 사실에 대한 언급이다. 나머지 ⊙, ⓛ, ⓔ ⓜ은 화자의 생각이자 예측으로, 사실이 아닌 의견으로 구분할 수 있다.

7 ③

③ 제1조에 을(乙)은 갑(甲)에게 계약금→중도금→잔금 순으로 지불하도록 규정되어 있다.
① 제1조에 중도금은 지불일이 정해져 있으나, 제5조에 '중도금 약정이 없는 경우'가 있을 수 있음이 명시되어 있다.
② 제4조에 명시되어 있다.
④ 제5조의 규정으로, 을(乙)이 갑(甲)에게 중도금을 지불하기 전까지는 을(乙), 갑(甲) 중 어느 일방이 본 계약을 해제할 수 있다. 단, 중도금 약정이 없는 경우에는 잔금 지불하기 전까지 계약을 해제할 수 있다.
⑤ 제6조에 명시되어 있다.

8 ③

⊙ 남1의 발언에는 두 명의 성인 남녀라는 조건만 있을 뿐 민족과 국적에 대한 언급은 없다. 따라서 민족과 국적이 서로 다른 두 성인 남녀가 결혼하여 자녀를 입양한 가정은 가족으로 인정할 수 있다.

ⓛ 여1은 동성 간의 결합을 가족으로 인정하고 지지할 수 있지만, 남2는 핵가족 구조를 전통적인 성역할에 기초한다고 보기 때문에 동성 간의 결합을 가족으로 인정하고 지지하지 않을 것이다.

ⓒ 남2는 여성의 경제활동 참여율 증가를 전통적인 가족 기능의 위기를 가져오는 심각한 사회문제로 보고 있다. 따라서 여성의 경제활동 참여를 지원하는 아동보육시설의 확대정책보다는 아동을 돌보는 어머니에게 매월 일정액을 지급하는 아동수당 정책을 더 선호할 것이다.

ⓔ 여2는 남성 혼자서 가족을 부양하기 어려운 현실을 지적하며 남녀 모두 경제활동에 참여할 수 있도록 지원하는 국가의 정책이 필요하다고 보는 입장이다. 따라서 여성 직장인이 휴직을 해야 하는 육아휴직 확대정책보다는 여성의 경제활동이 유지될 수 있도록 육아도우미의 가정파견을 전액 지원하는 국가정책을 더 선호할 것이다.

9 ①

말다 …'말고' 꼴로 명사의 단독형과 함께 쓰여 '아니고'의 뜻을 나타낸다.
② 밥이나 국수 따위를 물이나 국물에 넣어서 풀다.
③ 종이나 김 따위의 얇고 넓적한 물건에 내용물을 넣고 돌돌 감아 싸다.
④⑤ 어떤 일이나 행동을 하지 않거나 그만두다.

10 ①

밑줄 친 부분은 "B 혜택(Benefits)"을 가시화시켜 설명하는 단계로 제시하는 이익이 고객에게 반영되는 경우 실제적으로 발생할 상황을 공감시키는 과정이다. 지문에서는 "가장 소득이 적고 많은 비용이 들어가는 은퇴시기"라고 실제 발생 가능한 상황을 제시하였다. 또한, 이해만으로는 설득이 어렵기 때문에 고객이 그로 인해 어떤 변화를 얻게 되는지를 설명하는데 지문에서는 보험 가입으로 인해 "편안하게 여행을 즐기시고 또한 언제든지 친구들을 부담 없이 만나"에서 그 내용을 알 수 있으며 이는 만족, 행복에 대한 공감을 하도록 유도하는 과정이다.

11 ③

선택한 4개의 날짜 중 가장 첫 날짜를 x라고 하면 선택되는 네 날짜는 $x+1$, $x+7$, $x+8$이다. 선택

한 4개의 날짜의 합이 88이 되려면,
$x + (x+1) + (x+7) + (x+8) = 4x + 16 = 88$이 므로 $x = 18$이고 선택된 4개의 날짜는 18, 19, 25, 26이 된다.
따라서 4개의 날짜 중 가장 마지막 날짜는 26일이다.

12 ③

③ 각 상품의 주문금액 대비 신용카드 결제금액 비율은 다음과 같다. 주문금액 대비 신용카드 결제금액 비율이 가장 낮은 상품은 '캠핑용품세트'이다.

캠핑용품세트	$\dfrac{32,700}{45,400} \times 100 = 72.0\%$
가을스웨터	$\dfrac{48,370}{57,200} \times 100 = 84.6\%$
샴푸	$\dfrac{34,300}{38,800} \times 100 = 88.4\%$
에코백	$\dfrac{7,290}{9,200} \times 100 = 79.2\%$

① 전체 할인율은 $\dfrac{22,810}{150,600} \times 100 = 15.1\%$ 이다.

② 각 상품의 할인율은 다음과 같다. 할인율이 가장 높은 상품은 '캠핑용품세트'이다.

캠핑용품세트	$\dfrac{4,540 + 4,860}{45,400} \times 100 = 20.7\%$
가을스웨터	$\dfrac{600 + 7,970}{57,200} \times 100 = 15.0\%$
샴푸	$\dfrac{38,800 - 35,800}{38,800} \times 100 = 7.7\%$
에코백	$\dfrac{1,840}{9,200} \times 100 = 20.0\%$

④ 10월 전체 주문금액의 3%가 11월 포인트로 적립된다면 11월에 적립되는 포인트는 $150,600 \times 0.03 = 4,518$원으로 10월 동안 사용한 포인트는 총 포인트는 5,130원보다 작다.

⑤ 각 상품의 결제금액 중 포인트로 결제한 금액이 차지하는 비율은 다음과 같다. 결제금액 중 포인트로 결제한 금액이 차지하는 비율이 두 번째로 낮은 상품은 '샴푸'이다.

캠핑용품세트	$\dfrac{3,300}{36,000} \times 100 = 9.2\%$
가을스웨터	$\dfrac{260}{48,630} \times 100 = 0.5\%$
샴푸	$\dfrac{1,500}{35,800} \times 100 = 4.2\%$
에코백	$\dfrac{1,840}{9,200} \times 100 = 20.0\%$

13 ②

인사이동에 따라 A지점에서 근무지를 다른 곳으로 이동한 직원 수는 모두 32 + 44 + 28 = 104명이다. 또한 A지점으로 근무지를 이동해 온 직원 수는 모두 16 + 22 + 31 = 69명이 된다. 따라서 69 − 104 = −35명이 이동한 것이므로 인사이동 후 A지점의 근무 직원 수는 425 − 35 = 390명이 된다.

같은 방식으로 D지점의 직원 이동에 따른 증감 수는 83 − 70 = 13명이 된다. 따라서 인사이동 후 D지점의 근무 직원 수는 375 + 13 = 388명이 된다.

14 ⑤

임대료는 선불 계산이므로 이번 달 임대료인 (540,000 + 350,000) ×1.1 = 979,000원은 이미 지불한 것으로 볼 수 있다. 오늘까지의 이번 달 사무실 사용일이 10일이므로 사용하지 않은 임대기간인 20일에 대한 금액인 $979,000 \times \frac{2}{3} = 652,667$원을 돌려받아야 한다. 또한 부가세를 포함하지 않은 1개월 치 임대료인 보증금 540,000 + 350,000 = 890,000원도 돌려받아야 하므로, 총 652,667 + 890,000 = 1,542,667원을 사무실 주인으로부터 돌려받아야 한다.

15 ⑤

보완적 평가방식은 각 상표에 있어 어떤 속성의 약점을 다른 속성의 강점에 의해 보완하여 전반적인 평가를 내리는 방식을 의미한다. 보완적 평가방식에서 차지하는 중요도는 60, 40, 20이므로 이러한 가중치를 각 속성별 평가점수에 곱해서 모두 더하면 결과 값이 나오게 된다. 각 대안(열차종류)에 대입해 계산하면 아래와 같은 결과 값을 얻을 수 있다.

- KTX 산천의 가치 값
  = (0.6 × 3) + (0.4 × 9) + (0.2 × 8) = 7
- ITX 새마을의 가치 값
  = (0.6 × 5) + (0.4 × 7) + (0.2 × 4) = 6.6
- 무궁화호의 가치 값
  = (0.6 × 4) + (0.4 × 2) + (0.2 × 3) = 3.8
- ITX 청춘의 가치 값
  = (0.6 × 6) + (0.4 × 4) + (0.2 × 4) = 6
- 누리로의 가치 값
  = (0.6 × 6) + (0.4 × 5) + (0.2 × 4) = 6.4

조건에서 각 대안에 대한 최종결과 값 수치에 대한 반올림은 없는 것으로 하였으므로 종합 평가점수가 가장 높은 KTX 산천이 김정은과 시진핑의 입장에 있어서 최종 구매대안이 되는 것이다.

16 ④

병원비 지원 기준에 따라 각 직원이 지원 받을 수 있는 내역을 정리하면 다음과 같다.

A 직원	본인 수술비 300만 원(100% 지원), 배우자 입원비 50만 원(90% 지원)
B 직원	배우자 입원비 50만 원(90% 지원), 딸 수술비 200만 원(직계비속→80% 지원)
C 직원	본인 수술비 300만 원(100% 지원), 아들 수술비 400만 원(직계비속→80% 지원)
D 직원	본인 입원비 100만 원(100% 지원), 어머니 수술비 100만 원(직계존속→80% 지원), 남동생 입원비 50만 원(직계존속 신청 有→지원 ×)

이를 바탕으로 A~D 직원 4명이 총 병원비 지원 금액을 계산하면 1,350만 원이다.

A 직원	300 + (50 × 0.9) = 345만 원
B 직원	(50 × 0.9) + (200 × 0.8) = 205만 원
C 직원	300 + (400 × 0.8) = 620만 원
D 직원	100 + (100 × 0.8) = 180만 원

17 ①

S→1→F 경로로 갈 경우에는 7명, S→3→2→F 경로로 갈 경우에는 11명이며, S→3→2→4→F 경로로 갈 경우에는 6명이므로, 최대 승객 수는 모두 더한 값인 24명이 된다.

18 ②

주어진 조건에 의해 다음과 같이 계산할 수 있다.
{(1,000,000 + 100,000 + 200,000) × 12 + (1,000,000 × 4) + 500,000} ÷ 365 × 30 = 1,652,055원
따라서 소득월액은 1,652,055원이 된다.

19 ②

차종별 주행거리에서 화물차는 2016년에 비해 2017년에 7.9% 증가하였음을 알 수 있다.

20 ③

지방도로의 주행거리에서 가장 높은 수단과 가장 낮은 수단과의 주행거리 차이는 승용차의 주행거리에서 화물차의 주행거리를 뺀 값으로 (61,466 − 2,387 = 59,079km)이다.

21 ②

①② 계약은 청약에 대한 승낙의 효력이 발생한 시점에 성립되므로 B의 승낙이 A에게 도달한 2018년 1월 14일에 성립된다.

③ 2018년 1월 15일까지 승낙 여부를 통지해 달라고 승낙기간을 지정하였으므로 청약은 철회될 수 없다.

④⑤ 청약에 대한 승낙은 동의의 의사표시가 청약자에게 도달하는 시점에 효력이 발생하므로 B의 승낙이 A에게 도달한 2018년 1월 14일에 성립된다.

22 ②

② 행위자 A와 직 · 간접적으로 연결되는 모든 행위자들과의 최단거리는 1 − 5명(D, E, F, G, H), 2 − 1명(B), 3 − 4명(I, J, K, M), 4 − 1명(C), 5 − 4명(L, N, O, P)으로 총 43으로 행위자 A의 근접 중심성은 $\frac{1}{43}$이다.

행위자 B와 직 · 간접적으로 연결되는 모든 행위자들과의 최단거리는 1 − 5명(G, I, J, K, M), 2 − 2명(A, C), 3 − 8명(D, E, F, H, L, N, O, P)으로 총 33으로 행위자 B의 근접 중심성은 $\frac{1}{33}$이다.

23 ⑤

첫 번째는 직계존속으로부터 증여받은 경우로, 10년 이내의 증여재산가액을 합한 금액에서 5,000만 원만 공제하게 된다.

두 번째 역시 직계존속으로부터 증여받은 경우로, 아버지로부터 증여받은 재산가액과 어머니로부터 증여받은 재산가액의 합계액에서 5,000만 원을 공제하게 된다.

세 번째는 직계존속과 기타친족으로부터 증여받은 경우로, 아버지로부터 증여받은 재산가액에서 5,000만 원을, 삼촌으로부터 증여받은 재산가액에서 1,000만 원을 공제하게 된다.

따라서 세 가지 경우의 증여재산 공제액의 합은 5,000 + 5,000 + 6,000 = 1억 6천만 원이 된다.

24 ②

주어진 자료를 근거로, 다음과 같은 계산 과정을 거쳐 증여세액이 산출될 수 있다.

• 증여재산 공제 : 5천만 원
• 과세표준 : 1억 7천만 원 − 5천만 원 = 1억 2천만 원
• 산출세액 : 1억 2천만 원 × 20% − 1천만 원 = 1,400만 원
• 납부할 세액 : 1,400만 원 × 93% = 1,302만 원(자진신고 시 7% 공제)

25 ④

일찍 출근하는 것과 직무 몰입도의 관계에 대해서 언급한 사람은 B와 C이다. 그러므로 일찍 출근을 하지만 직무에 몰입하지 않는 임직원이 많을수록 B와 C의 결론이 약화된다.

26 ①

신입사원 오리엔테이션 당시 다섯 명의 자리 배치는 다음과 같다.

| 김 사원 | 이 사원 | 박 사원 | 정 사원 | 최 사원 |

확정되지 않은 자리를 SB(somebody)라고 할 때, D에 따라 가능한 경우는 다음의 4가지이다.

㉠	이 사원	SB 1	SB 2	정 사원	SB 3
㉡	SB 1	이 사원	SB 2	SB 3	정 사원
㉢	정 사원	SB 1	SB 2	이 사원	SB 3
㉣	SB 1	정 사원	SB 2	SB 3	이 사원

이 중 ㉠, ㉡은 B에 따라 불가능하므로, ㉢, ㉣의 경우만 남는다. 여기서 C에 따라 김 사원과 박 사원 사이에는 1명이 앉아 있어야 하므로 ㉢의 SB 2, SB 3과 ㉣의 SB 1, SB 2가 김 사원과 박 사원의 자리이다. 그런데 B에 따라 김 사원은 ㉣의 SB 1에 앉을 수

없고 박 사원은 ⓒ, ⓔ의 SB 2에 앉을 수 없으므로 다음의 2가지 경우가 생긴다.

ⓒ	정 사원	SB 1 (최 사원)	김 사원	이 사원	박 사원
ⓔ	박 사원	정 사원	김 사원	SB 3 (최 사원)	이 사원

따라서 어떤 경우에도 바로 옆에 앉는 두 사람은 김 사원과 최 사원이다.

27 ②

마지막 조건에 의하면 첫 번째 자리 숫자가 1이 되며 세 번째 조건에 의해 가장 큰 수는 6이 되는데, 마지막 조건에서 오름차순으로 설정하였다고 하였으므로 네 번째 자리 숫자가 6이 된다. 두 번째 조건에서 곱한 수가 20보다 크다고 하였으므로 0은 사용되지 않았다. 따라서 (1××6) 네 자리 수의 합이 11이 되기 위해서는 1과 6을 제외한 두 번째와 세 번째 자리 수의 합이 4가 되어야 하는데, 같은 수가 연달아 한 번 반복된다고 하였으므로 (1136) 또는 (1226) 중 모두 곱한 수가 20보다 큰 (1226)이 된다.

28 ③

조건에 따라 그림으로 나타내면 다음과 같다. 네 번째 술래는 C가 된다.

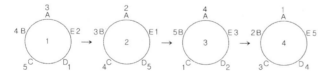

29 ④

MBO는 기업 조직의 경우 단기적인 목표와 그에 따른 성과에만 급급하여 기업 조직의 사기 및 분위기나 문화 등이 경영환경에 대응해야만 하는 조직의 장기적인 안목에 대한 전략이 약화될 수 있으므로 주의해야 하며 동시에 목표설정의 곤란, 목표 이외 사항의 경시 가능성, 장기 목표의 경시 가능성 등의 문제점이 발생할 수 있다.

30 ④

④ 수소를 제조하는 시술에는 화석연료를 열분해·가스화 하는 방법과 원자력에너지를 이용하여 물을 열화학분해하는 방법, 재생에너지를 이용하여 물을 전기분해하는 방법, 그리고 유기성 폐기물에서 얻는 방법 등 네 가지 방법이 있다.

31 ③

파일에서 마우스 왼쪽 버튼을 누르면 해당 파일의 바탕이 파란색으로 나타날 뿐 삭제하는 메뉴가 나타나지 않는다.

32 ⑤

$\boxed{\text{Alt}}$ + $\boxed{\text{Enter}}$ 는 선택한 대상에 대한 속성을 표시하는 역할을 한다.

33 ④

시간대별 날씨에서 현재시간 15시에 31도를 나타내고 있다. 하지만, 자정이 되는 12시에는 26도로써 온도가 5도 정도 낮아져서 현재보다는 선선한 날씨가 된다는 것을 알 수 있다.

34 ③

메신저는 인터넷 상에서 실시간으로 메시지 및 데이터 등을 주고받을 수 있는 소프트웨어를 의미한다. 또한 대부분의 메신저가 파일 교환을 지원하기 때문에 FTP를 거치지 않고 바로 파일을 교환할 수 있다.

35 ③

A=1, S=1
A=2, S=1+2
A=3, S=1+2+3
...
A=10, S=1+2+3+...+10
∴ 출력되는 S의 값은 55이다.

36 ④

DSUM(범위, 열번호, 조건)은 조건에 맞는 수치를 합하는 함수이며 DCOUNT(범위, 열번호, 조건)은 조건에 맞는 셀의 개수를 세는 함수이다. 따라서 DSUM이 아닌 DCOUNT 함수를 사용해야 하며, 추리영역이 있는 열은 4열이므로 '=DCOUNT(A1:D6, 4, F2:F3)'를 입력해야 한다.

37 ②

SUMIF는 조건에 맞는 데이터를 더해주는 함수로서 범위는 B2:B10으로 설정해 주고 조건은 3천만원 초과가 아니라 이상이라고 했으므로 ")=30000000"으로 설정한다.

38 ①

DMAX는 데이터 최대값을 구할 때 사용되는 함수이고, 주어진 조건에 해당하는 값을 선택하여 평균을 구할 때는 DAVERAGE가 사용된다. 따라서 DAVERAGE(범위, 열번호, 조건)을 입력해야 하는데 범위는 [A1]부터 [C9]까지이고 점수를 평균내야 하기 때문에 열 번호는 3이다. 조건은 2학년이기 때문에 'E4:E5'로 설정한다.

39 ①

RANK(number, ref, [order])

number는 순위를 지정하는 수이므로 B2, ref는 범위를 지정하는 것이므로 $B$2:$B$8이다. oder는 0이나 생략하면 내림차순으로 순위가 매겨지고 0이 아닌 값을 지정하면 오름차순으로 순위가 매겨진다.

40 ②

DSUM 함수는 범위에서 조건에 맞는 레코드 필드 열에 있는 값의 합계를 계산할 때 사용하는 함수이다. 데이터가 있는 범위인 A1:E5을 지정하여야 하며, 총점이 데이터 범위 중 다섯 번째 열에 있으므로 5를 입력하고, 조건이 있는 B7:B8을 입력하게 되면, 값은 247 + 240 = 487이 된다.

41 ②

㉠ **공공형 클라우드(Public cloud)** : 클라우드 서비스 이용 대상을 제한하지 않는 방식으로 누구나 네트워크에 접속해 신용카드 등의 결제만으로 서비스에 접근할 수 있고 사용한 만큼 지불하는(Pay-as-you-go) 구조를 갖는 공중 인프라를 말한다. 포털 사이트처럼 외부 데이터 센터를 이용하는 형태이다. 불특정 다수의 개인이나 기업 고객을 대상으로 제공된다.

㉤ **서비스형 인프라[Infrastructure as a service(Iaas)]** : 서버, 스토리지, 소프트웨어 등 정보통신기술(ICT) 자원을 구매하여 소유하지 않고, 필요 시 인터넷을 통해 서비스 형태(as a Service)로 이용하는 방식. 클라우드 컴퓨팅에서 가상화 기술을 활용하여 CPU, 메모리 등을 활용한 컴퓨팅 서비스와 데이터를 보관하고 관리할 수 있는 스토리지 서비스 및 분산 응용 소프트웨어간 통신 네트워크 서비스 등의 자원을 사용한 만큼 비용을 청구하는 서비스가 확산되고 있다.

42 ③

CISC와 RISC 비교

CISC(Complex Instruction Set Computer)	RISC(Reduced Instruction Set Computer)
• CISC는 명령어의 길이가 가변적으로 구성된 것으로 한 명령어의 길이를 줄여 디코딩 속도를 높이고 최소 크기의 메모리 구조를 가진다. • X86이 대표적 • 하드웨어의 비중이 크다. • 장점 -컴파일러 작성이 쉽다. -복잡한 명령도 마이크로 코드(microcode)이므로 실행효율이 좋다. -호환성이 좋다. • 단점 -하나의 명령어가 복잡하여 해석(디코딩)에 시간이 오래걸리며, 해석에 필요한 회로가 복잡하다. -적은 수의 일부 명령어만 주로 쓰인다. -명령어의 길이가 달라 동시의 여러 개의 명령 처리는 어렵다.	• CPU에서 수행하는 동작 대부분이 몇 개의 명령어만으로 가능하다는 사실에 기반하여 구현하며 고정된 길이의 명령어를 사용한다. • 적은 수의 명령어로 명령어 집합을 구성하며 기존의 복잡한 명령은 보유한 명령어를 조합해서 사용하며 보통 많은 수의 범용 레지스터를 가진다. • ARM이 대표적 • 소프트웨어의 비중이 크다. • 장점 - 각 명령어가 한 클록에 실행되도록 고정되어, 파이프라인 성능에 최적화 됨 - 고정된 명령어이기 때문에 해석(디코딩) 속도가 빠르며, 여러 개의 명령어를 처리할 수 있다. • 단점 - 컴파일러의 최적화 과정이 복잡해진다. - 명령 길이가 고정되어 있기 때문에 코드효율이 낮다.

43 ①

(가) **블루투스[Bluetooth]** : 블루투스(Bluetooth)는 휴대폰, 노트북, 이어폰·헤드폰 등의 휴대기기를 서로 연결해 정보를 교환하는 근거리 무선 기술 표준을 뜻한다. 주로 10미터 안팎의 초단거리에서 저전력 무선 연결이 필요할 때 쓰인다.

(나) **근거리 무선 통신[Near Field Communication]** : 13.56MHz 대역의 주파수를 사용하여 약 10cm 이내의 근거리에서 데이터를 교환할 수 있는 비접촉식 무선통신 기술로서 스마트폰 등에 내장되어 교통카드, 신용카드, 멤버십카드, 쿠폰, 신분증 등 다양한 분야에서 활용될 수 있는 성장 잠재력이 큰 기술이다.

(다) **지그비[ZigBee]** : 주로 양방향 무선 개인 영역 통신망(WPAN) 기반의 홈 네트워크 및 무선 센서망에서 사용되는 기술로 지그비 얼라이언스(zigbee alliance)에서 IEEE 802.15.4 물리 계층(PHY, MAC) 표준 기술을 기반으로 상위 프로토콜 및 응용 프로파일을 표준화하였다.

44 ③

트리(tree)형 … 나무가 하나의 뿌리(root)에서 줄기(trunk)가 나와 가지(branch)로 나누어지는 것처럼, 어떤 하나의 집합(레코드나 디렉토리 등)으로부터 하위 레벨(lower level)로 가지가 나오는 집합 관계를 갖는 계층 구조(hierarchic structure)를 말한다.

45 ①

빅데이터(Big Data)

㉠ 빅데이터란 디지털 환경에서 생성되는 데이터로 그 규모가 방대하고, 생성 주기도 짧고, 형태도 수치 데이터뿐 아니라 문자와 영상 데이터를 포함하는 대규모 데이터를 말한다.

㉡ 빅데이터의 공통적 특징은 3V로 설명할 수 있다.
- 3V는 데이터의 크기(Volume), 데이터의 속도(Velocity), 데이터의 다양성(variety)을 나타내며 이러한 세 가지 요소의 측면에서 빅데이터는 기존의 데이터베이스와 차별화된다.
- 데이터 크기(Volume)는 단순 저장되는 물리적 데이터양을 나타내며 빅데이터의 가장 기본적인 특징이다.

- 데이터 속도(Velocity)는 데이터의 고도화된 실시간 처리를 뜻한다. 이는 데이터가 생성되고, 저장되며, 시각화되는 과정이 얼마나 빠르게 이뤄져야 하는지에 대한 중요성을 나타낸다.
- 다양성(Variety)은 다양한 형태의 데이터를 포함하는 것을 뜻한다. 정형 데이터뿐만 아니라 사진, 오디오, 비디오, 소셜 미디어 데이터, 로그 파일 등과 같은 비정형 데이터도 포함된다.

46 ②

개인정보 영향평가〈개인정보 보호법 제33조〉

① 공공기관의 장은 대통령령으로 정하는 기준에 해당하는 개인정보파일의 운용으로 인하여 정보주체의 개인정보 침해가 우려되는 경우에는 그 위험요인의 분석과 개선 사항 도출을 위한 평가(이하 "영향평가")를 하고 그 결과를 행정안전부장관에게 제출하여야 한다. 이 경우 공공기관의 장은 영향평가를 행정안전부장관이 지정하는 기관(이하 "평가기관") 중에서 의뢰하여야 한다.

② 영향평가를 하는 경우에는 다음의 사항을 고려하여야 한다.
  1. 처리하는 개인정보의 수
  2. 개인정보의 제3자 제공 여부
  3. 정보주체의 권리를 해할 가능성 및 그 위험 정도
  4. 그 밖에 대통령령으로 정한 사항

③ 행정안전부장관은 제출받은 영향평가 결과에 대하여 보호위원회의 심의·의결을 거쳐 의견을 제시할 수 있다.

④ 공공기관의 장은 영향평가를 한 개인정보파일을 등록할 때에는 영향평가 결과를 함께 첨부하여야 한다.

⑤ 행정안전부장관은 영향평가의 활성화를 위하여 관계 전문가의 육성, 영향평가 기준의 개발·보급 등 필요한 조치를 마련하여야 한다.

⑥ 평가기관의 지정기준 및 지정취소, 평가기준, 영향평가의 방법·절차 등에 관하여 필요한 사항은 대통령령으로 정한다.

⑦ 국회, 법원, 헌법재판소, 중앙선거관리위원회(그 소속 기관을 포함)의 영향평가에 관한 사항은 국회규칙, 대법원규칙, 헌법재판소규칙 및 중앙선거관리위원회규칙으로 정하는 바에 따른다.

⑧ 공공기관 외의 개인정보처리자는 개인정보파일 운용으로 인하여 정보주체의 개인정보 침해가 우려되는 경우에는 영향평가를 하기 위하여 적극 노력하여야 한다.

※ "개인정보파일"이란 개인정보를 쉽게 검색할 수 있도록 일정한 규칙에 따라 체계적으로 배열하거나 구성한 개인정보의 집합물(集合物)을 말한다〈개인정보 보호법 제2조 제4호〉.

47 ②

OECD 개인정보보호 8원칙

㉠ 수집 제한의 법칙(Collection Limitation Principle) : 개인정보는 적법하고 공정한 방법을 통해 수집되어야 한다.

㉡ 정보 정확성의 원칙(Data Quality Principle) : 이용 목적상 필요한 범위 내에서 개인정보의 정확성, 완전성, 최신성이 확보되어야 한다.

㉢ 목적 명시의 원칙(Purpose Specification Principle) : 개인정보는 수집 과정에서 수집 목적을 명시하고, 명시된 목적에 적합하게 이용되어야 한다.

㉣ 이용 제한의 원칙(Use Limitation Principle) : 정보 주체의 동의가 있거나, 법 규정이 있는 경우를 제외하고 목적 외 이용되거나 공개될 수 없다.

㉤ 안전성 확보의 원칙(Security Safeguard Principle) : 개인정보의 침해, 누설, 도용 등을 방지하기 위한 물리적, 조직적, 기술적 안전 조치를 확보해야 한다.

㉥ 공개의 원칙(Openness Principle) : 개인정보의 처리 및 보호를 위한 정책 및 관리자에 대한 정보는 공개되어야 한다.

㉦ 개인 참여의 원칙(Individual Participation Principle) : 정보 주체의 개인정보 열람/정정/삭제 청구권은 보장되어야 한다.

㉧ 책임의 원칙(Accountability Principle) : 개인정보 관리자에게 원칙 준수 의무 및 책임을 부과해야 한다.

48 ④

㉠ 데이터 무결성이란 메시지가 중간에서 복제·추가·수정되거나 순서가 바뀌거나 재전송됨이 없이 그대로 전송되는 것을 보장한다.

㉡ 접근통제란 비인가된 접근으로부터 데이터를 보호하고 인가된 해당 개체에 적합한 접근 권한을 부여한다.

㉢ 부인봉쇄란 송·수신자 간에 전송된 메시지에 대해서, 송신자는 메시지 송신 사실을, 수신자는 메시지 수신 사실을 부인하지 못하도록 한다.

49 ②

② 랜섬웨어(Ransomware) : 악성코드(malware)의 일종으로, 인터넷 사용자의 컴퓨터에 잠입해 내부 문서나 스프레드시트, 그림파일 등을 암호화해 열지 못하도록 만든 후 돈을 보내주면 해독용 열쇠 프로그램을 전송해 준다며 금품을 요구하는 악성 프로그램이다. ransom(몸값)과 ware(제품)의 합성어로 컴퓨터 사용자의 문서를 '인질'로 잡고 돈을 요구한다고 해서 붙여진 명칭이다.

① 하트블리드(Heart bleed) : 전 세계 웹사이트 가운데 3분의 2 정도가 사용하는 오픈 SSL(open secure socket Layer : 인터넷상에서 문자, 문서 등을 송수신할 때 이를 암호화해 주는 기술)에서 발견된 치명적인 결함을 말한다. 오픈 SSL의 통신신호 하트비트(heartbeat)에서 발견되어 하트블리드라고 부르는데, 이는 '치명적 심장출혈'을 의미한다.

③ 백오리피스(Back Orifice) : 일명 '트로이목마' 프로그램을 이용해 사용자 정보를 빼내는 해킹 프로그램. 지난 1999년 3월 인공위성센터에서 발생한 우리별 3호 해킹 사건의 주역이며, PC방의 사이버 증권거래 등에 악용되는 사례도 급증하고 있다. 백오리피스는 윈도 운영체계(OS) 환경의 PC에 저장된 중요정보를 빼내거나 파괴, 변조 등을 가능하게 한다.

④ 스턱스넷(Stuxnet) : 스턱스넷 기법이란 발전소, 공항, 철도 등 여러 기관의 시설을 파괴할 목적으로 만들어진 일종의 컴퓨터 바이러스이다. 2010년 6월경 벨라루스에서 처음으로 발견되었으며 USB 저장장치나 MP3 플레이어를 회사 등 기관들의 컴퓨터에 연결할 때 침투하는 기법을 사용하고 있다.

50 ①

데이터 전송의 발전 단계…음성 전용 통신 − 광대역 아날로그 회선 − 디지털 전용 회선 − 데이터 전용 교환망 − 종합 통신망 − 광대역 종합 통신망

51 ②

OSI-7 계층 구조…물리 계층 − 데이터 링크 계층 − 네트워크 계층 − 전송 계층 − 세션 계층 − 표현 계층 − 응용 계층

52 ①

기저 대역 신호(Base band signal)…원래의 정보를 전송로와 동일한 스펙트럼을 갖도록 부호화한 것을 말한다.

※ 기저 대역 전송(디지털 전송 방식)…데이터를 부호화하여 신호를 변조하지 않고 그대로 전송하는 방식으로 데이터 전송에 적합하다.

53 ②

② "주파수할당"이란 특정한 주파수를 이용할 수 있는 권리를 특정인에게 주는 것을 말한다. 허가나 신고로 개설하는 무선국에서 이용할 특정한 주파수를 지정하는 것은 "주파수지정"이다.

54 ③

무선국…무선설비와 무선설비를 조작하는 자의 총체를 의미하며, 전파법에 의거하여 방송 청취를 위한 수신만의 기능은 포함되지 않는다.

55 ④

AGC 회로…입력 레벨이 변동할 경우 수신기 이득을 자동적으로 조정하여 출력을 안정화시키는 자동 이득 제어 회로를 의미한다.

서 원 각

www.goseowon.co.kr